AF542125

1er Siècle.

Caractère du Siècle : D'une tyrannie atroce. Siècle littéraire.

Evénements : Fondation de l'Empire romain par Octave Auguste 29. Naissance de N. S. J. C. Sa vie, sa mort.

	EMPIRE ROMAIN.		ÉVÉNEMENTS.	CÉLÉBRITÉS.
	Les Césars.	9	Défaite des Romains en Germanie ils étaient commandés par Varus.	Les douze apôtres et tous ceux qui sont nommés dans la vie de N. S. J. C.
av. J. C. 29	Auguste.	33	Mort de N. S. J. C. Prédication de l'Evangile.	Mécène. Favori d'Auguste.
ap. J. C. 14	Tibère.			Germanicus, Varus, Généraux romains.
37	Caligula.	64	1re persécution contre les chrétiens sous Néron.	Agricola, Corbulon, d°.
41	Claude.			Séjan, Ministre de Tibère.
54	Néron.	70	Titus détruit Jérusalem.	Narcisse, Affranchi et favori de Claude.
68	Galba, Othon.	79	Eruption du Vésuve.	Burrhus, Gouverneur de Néron.
d°.	Vitellius.	95	Seconde persécution sous Domitien.	Phèdre, Fabuliste.
d°.	Vespasien.			Horace. Virgile, Ovide, Poëtes latins.
79	Titus			Sénèque, Philosophe, précepteur de Néron.
81	Domitien			Pline, le naturaliste.
96	Nerva			Quintilien, Célèbre rhéteur.
98	Trajan			Lucain, Poëte latin.
				Perse, Satirique latin.
				Josèphe, Historien et général juif.
				Tacite. Quinte-Curce, Historiens Latins.
				Sabinus, Seigneur gaulois.
				Eponine, femme de Sabinus, célèbre par son dévouement conj.

2e Siècle.

Caractère du Siècle : *D'une félicité sans exemple.*

Evénements : *Progrès de l'Evangile, Persécutions, Hérésies. Premières invasions des barbares. Système astronomique de Ptolémée.*

EMPIRE ROMAIN.		ÉVÉNEMENTS.	CÉLÉBRITÉS.
	Les Antonins.	Conquêtes de Trajan	Suétone, Plutarque, Biographes.
98	Trajan.	106. 3ème Persécution sous Trajan.	Pline le jeune, Orateur.
117	Adrien.	Adrien rebâtit Jérusalem sous le	Florus, Historien latin.
138	Antonin.	nom d'Elea-Capitolina.	Epictète, Philosophe.
161	Marc-Aurèle.	Victoires de Marc-Aurèle en	Ptolémée, Astronome.
180	Commode.	Germanie. La légion fulminante.	Justin, Historien latin. Juvénal, Poète satirique latin.
"	Pertinax.	166. 4ème Persécution sous Marc-Aurèle.	St Siméon. St Ignace, Martyrs de la 3ème persécution.
"	Didius.	Hérésie des Montanistes.	St Polycarpe. St Pothin, 1er évêque de Lyon, Martyrs
193	Septime Sévère.	Hérésie des Gnostiques.	de la 4ème persécution.

3e Siècle.

Caractère du Siècle: *Anarchie militaire.*

Evénements: *L'empire des Perses rétabli 226. 1er partage de l'empire.*

	EMPIRE ROMAIN.	ÉVÉNEMENTS.	CÉLÉBRITÉS.
211	Septime Sévère.	Ligue des Allemands.	Artaxercès-Sassan; roi de Perse.
"	Caracalla et Geta	L'Empire des Perses est rétabli sur	Sapor; roi de Perse.
217	Macrin	les débris de l'empire des Parthes	Zénobie; reine de Palmyre.
218	Héliogabale	par Artaxercès-Sassan; il est élu	Odenat; prince arabe
222	Alexandre Sévère.	roi à la place d'Artaban.	Fingal; guerrier écossais père d'Ossian
235	Maximin	Ligue des Francs; ils s'établissent	célèbre barde.
249	Dèce	en Gaule.	Tertullien. Origène, Docteurs de l'Église.
253	Valérien	Cinquième persécution sous Septime Sévère.	Dion-Cassius, Historien grec.
260	Gallien	Sixième persécution sous Maximin.	Ossian; Célèbre barde écossais.
268	Claude II	Septième persécution sous Dèce.	Longin, Rhéteur grec.
270	Aurélien	Huitième persécution sous Valérien	Ste Félicité et Ste Perpétue; martyres de
275	Tacite	Neuvième persécution sous Aurélien.	la 5ème persécution.
276	Probus	Dixième persécution sous Dioclétien	St Laurent; martyr de la 8e persécution.
282	Carus	et Maximien.	St Denis, martyr de la 9e persécution.
283	Carin et Numérien	Victoires d'Aurélien; défaite de Zénobie.	St Victor; martyr de la 10e persécution.
284	Dioclétien & Maximien	Hérésie des Novatiens.	St Paul, ermite.
		Commencement des Ermites et des	
		Moines dans les déserts de la Thébaïde.	

4e Siècle

Caractère du Siècle : Partage de l'Empire. Triomphe du Christianisme.

Evénements : Conversion de Constantin. Fondation de Constantinople. 1er Concile. Invasions des barbares.

Héros. Constantin le Grand. Ste Hélène. Théodose le grand, Arius. St Augustin. St Ambroise.

	EMPIRE ROMAIN.		ÉVÉNEMENTS.	CÉLÉBRITÉS.
305	Constance Chlore.		Beau règne de Constantin 1 le Gd.	Julien l'Apostat
305	Galérius		Établissement de la religion chrétienne	Stilicon, tuteur d'Honorius
306	Maxence Licinius		dans l'Empire.	Ruffin, tuteur d'Arcadius
306	Constantin le Gd.		Hérésie d'Arius. 1er Concile général	Eusèbe, évêque de Césarée. Ste Hélène, mère de Constantin
337	Constantin II Constant		tenu à Nicée.	Lactance, écrivain chrétien.
	et Constance.		Fondation de Constantinople qui	Arius, hérésiarque.
361	Julien l'apostat		devient capitale de l'Empire.	Pères de l'Eglise grecque.
363	Jovien		L'Empire est plusieurs fois divisé;	St Grégoire de Nazianze.
364	Valentinien I et		il l'est définitivement à la mort	St Basile.
	Valens		de Théodose le Gd.	St Jean Chrysostome.
379	Gratien et Valentinien II		Hérésie des Macédoniens.	St Ephrem.
383	Valentinien II et		Les Barbares envahissent l'Empire.	St Cyrille.
	Théodose I le Gd.		Ste Hélène retrouve la vraie croix	Pères de l'Eglise latine.
	Occident :	Orient :	de N. S. J. C.	St Hilaire de Poitiers. St Ambroise de Milan.
	Honorius.	Arcadius.		St Jérôme, à Rome et en Palestine.
				St Augustin, évêque d'Hippone.
				St Cyprien, évêque de Carthage.

5e S

Dissolution de l'

Caractère du Siècle : *Invasions des peuples barbares*

Héros : *Clovis. Attila. Odoacre.*

ANGLETERRE.	FRANCE.	BOURGOGNE.	VISIGOTHS.	GERMANIE.
Évacuation finale des Romains. Hengist et Horsa débarquent en Bretagne à la demande des habitants; et à la tête de leurs Saxons ils s'emparent du pays. 456.	Les Francs fondent en Gaule un royaume 420. Mérovingiens. Pharamond...... 420 Clodion...... 428 Mérovée...... 448 Childéric I...... 458 Clovis I...... 481 véritable fondateur de la monarchie française 481 + 511.	Les Bourguignons fondent un royaume en Gaule qui dure 128 ans Gondicar Gondebaud Godegesile.	Les Visigoths sous la conduite d'Alaric désolent l'Italie, s'établissent en Gaule, au midi; traversent les Pyrénées, se fixent en Espagne sur les ruines des Alains, des Suèves et des Vandales et y séjournent jusqu'à l'arrivée des Arabes.	C'est de la Germani[e] que sortirent la plupart des barbares qui enva[h]irent le monde romain au 5e siè[cle]

5e Siècle

l'Empire d'Occident.

Ils envahissent l'Empire Romain.

Le pape St. Léon. Théodoric-le-Grand.

ITALIE.

EMP. D'OCCIDENT.

Valentinien III ...... et enfin Romulus Augustulus sous lequel finit l'empire romain d'Occident, en 476.

R. DES HÉRULES.

Odoacre vainqueur de Romulus Augustulus fonde le roy.e des Hérules 476.

OSTROGOTHS.

Les Ostrogoths sous Théodoric le Grand le détruisent 493.

LES ALAINS.

envahissent l'Espagne et sont détruits par les Visigoths.

LES SUÈVES.

envahissent l'Espagne et sont subjugués par les Alains

LES VANDALES.

envahissent l'Espagne, la quittent sous Genséric et s'établissent en Afrique.

EMPIRE D'ORIENT.

Arcadius	395 + 408
Théodose II	408 + 450
Pulchérie et Marcien	450 à 457
Léon I	457 + 474
Léon II	474 + 474
Zénon	474 + 491
Anastase	491 + 518.

ÉGLISE.

L'Église est désolée par plusieurs hérésies dont les principales sont 1° les Pélagiens qui niaient la nécessité de la grâce.

2° Les Nestoriens qui admettaient deux personnes en J.C. furent condamnés au concile général d'Éphèse 431.

3° Les Eutychéens qui n'admettaient qu'une nature en J.C. condamnés au concile de Chalcédoine.

Baptême de Clovis.

PAPE.

...... Léon-le-Grand.

CÉLÉBRITÉS.

Prince Arthur	Roi de la Gde Bretagne est célèbre dans les romans de la Table Ronde.
Nestorius	Patriarche de Constantinople et hérésiarque.
Eutychès	Moine de Constantinople, tomba dans l'hérésie en voulant combattre Nestorius
Boèce	Homme d'Etat et philosophe sous Théodoric le Grand roi des Ostrogoths, périt dans les supplices.
Ste Geneviève	Patronne de Paris, née à Nanterre en 423, sauva la Capitale de l'invasion d'Attila, elle mourut en 512.
St Cyrille	Patriarche d'Alexandrie.
Hengist et Horsa	Chefs saxons s'emparent de la Gde Bretagne.
Symmaque	Orateur latin et homme d'Etat sous Théodoric - le Grand.
Alaric	Roi des Visigoths.
Aétius & Boniface	Généraux de Valentinien III.
Attila	Roi des Huns.
Odoacre	Roi des Hérules.
Genséric	Roi des Vandales.

5e Siècle

ÉVÉNEMENTS.

Occident : Invasion des barbares.
410 Les Goths à Rome.
420 Pharamond chef des Francs entre en Gaule.
Les Visigoths en Gaule, puis en Espagne.
Les Vandales en Italie, puis en Afrique.
451 Ravages d'Attila roi des Huns, sa défaite à Châlons-sur-Marne.
452 Fondation de Venise.
455 Les Anglo-Saxons en Gde Bretagne, commencement de l'heptarchie.
476 Chute de l'empire d'Occident.
476 Fondation du royme des Hérules.
486 Clovis, véritable fondateur de la monarchie des Francs, défait Syagrius à Soissons.
Mariage de Clovis avec Ste Clotilde.
493 Le royme des Ostrogoths remplace celui des Hérules.
496 Les Allemands battus à Tolbiac, conversion de Clovis.
497 Baptême de Clovis par St Rémy archevêque de Reims.

Chaos politique

Caractère du Siècle: *Fondation des nouvelles monarchies*

Héros: *Clovis. Bélisaire. Narsès.*

ANGLETERRE.	FRANCE.	BOURGOGNE.	ORIENT.	ESPAGNE.
Les terres conquises par les Anglo-Saxons sont subdivisées en 7 royaumes appelés Heptarchie.	Clovis .... 481 Clotaire I .... 511 Chilpéric I .... 561 Clotaire II .... 584 à 628.	Ce royaume est conquis par les fils de Clovis à la bataille de Vézeronce 534.	Anastase I. Justin I Justinien le G.d 527-565. Justin II. Tibère II. Maurice.	Visigoths. Alaric II est défait à Vouillé 507. Léovigilde Récarède: Ce prince protège le catholicisme en Espagne.

6e Siècle

Commencement de la Société Chrétienne.

Législation des peuples barbares.

St Benoît. Ste Clotilde. Frédégonde. Brunehaut.

ITALIE.			ÉGLISE.
Ostrogoths.	**Lombards.**	**Exarchat Ravenne.**	
Théodoric le gd. Athalaric Amalasunthe Théodat Vitigès Totila Téïas qui est vaincu par Narsès. Fin du royaume des Ostrogoths remplacé par l'exarchat de Ravenne 553.	Sont appelés en Italie par Narsès, ils s'établissent dans le nord de l'Italie sous Alboin leur chef. Pavie devient la capitale des Lombards. Alboin. Théodelinde. Agilulfe.	Remonte à Narsès vainqueur des Ostrogoths et général de Justinien I et de Justin II. Il fut gouverné par des exarques; Narsès fut le 1er Exarque; Ravenne était la capitale de cet état qui appartenait aux empereurs d'Orient.	Conversion des Anglo-Saxons, des Visigoths, des Lombards. Fondation de l'ordre des Bénédictins sur le mont Cassin. Guerre civile à propos de l'hymne Trisagion.

CÉLÉBRITÉS.

Bélisaire	Célèbre général de Justinien le Gd.
Narsès	Célèbre général sous Justinien le Gd. et Justin II.
Cassiodore	Homme d'Etat et écrivain appartient à la cour de Théodoric le Gd.
St Grégoire de Tours	Historien, a écrit une chronique de France.
St Augustin	Moine anglais, apôtre de l'Angleterre.
St Benoît	Fondateur de l'ordre des Bénédictins.
St Grégoire le Gd.	Pape, établit le chant grégorien.
Rosamonde	(La belle) épouse Alboin.
Ste Clotilde	épouse de Clovis.
Denys le petit	Moine originaire de Scythie, établit l'usage de compter les années à partir de l'ère chrétienne.
Cunimond	Chef des Gépides est vaincu par Alboin.

6e Siècle.

ÉVÉNEMENTS.

501 Gondebaud donne la loi Gombette aux Bourguignons.
507 Bataille de Vouillé, Clovis défait Alaric roi des Visigoths.
511 Mort de Clovis I — 1er partage de la monarchie des Francs. — Mort des enfants de Clodomir.
511-561 Règne de Clotaire I. Révolte de son fils Chramm.
512 Mort de Ste Geneviève.
518 Justin le Vieux monte sur le trône de Constantinople.
527 Avènement de l'empereur Justinien: ses guerres, son code de lois, ses généraux Bélisaire et Narsès illustrent son règne.
543 Mort de St Benoît.
Denys le petit établit l'ère chrétienne.
551 Les vers à soie sont apportés en Europe sous Justinien.
553 Sous Justin II, Narsès met fin au roy. des Ostrogoths, et fonde l'exarchat de Ravenne.
561 Mort de Clotaire I, 2e partage de la monarchie.
561-584 Règne de Chilpéric I — Rivalité de Frédégonde et de Brunehaut.
567 Disgrâce de Narsès, les Lombards en Italie.
584-628 Règne de Clotaire II.
587 Traité d'Andelot, progrès de la féodalité.
598 Conversion des Anglais.

Caractère du Siècle : Gloire et Conquêtes. Les Mérovingiens se laissent
Héros : Dagobert. St. Eloi. Ste Bathilde.

ANGLETERRE.	FRANCE.		ORIENT.		ASIE.
L'Heptarchie progresse de jour en jour.	Mérovingiens.		Maurice	582 + 602	Arabes.
	Clotaire II	584 + 628	Phocas	602 + 610	Mahomet
	Dagobert I	628 + 638	Il règne après avoir fait mourir Maurice	en 602	Abou-Beckr
	Clovis II	638 + 656	Race Héraclienne.		Omar
	Suite des rois fainéants qui règnent sous le gouvernement des maires du palais.		Héraclius	610 + 641	Othman
			Héraclius Constantin	641	Ali
			Héracléonas	641	Fille des Ommiades.
			Constant II	641 + 668	Moaviah
			Constantin III Pogonat	668 + 685	Abdel-Maleck
			Justinien II (1re fois)	685 + 695	
			Léonce	695 + 698	
			Tibère III	698 + 705	

7 Siècle.

tes des Arabes.

gouverner par les maires du Palais.

Pépin d'Héristall. Mahomet. Amrou. Héraclius.

des.

ESPAGNE.	ITALIE.		ÉGLISE.
Visigotha.	Exarchat de Ravenne.	Lombardie.	L'Église est désolée par le mahométisme. Les Monothélites qui ne reconnaissaient qu'une seule volonté en J.C. sont condamnés au concile de Constantinople en 680. La fête de l'exaltation est établie.
Suintila Wamba Vittiza	Narsès avait été remplacé dans son exarchat par Longin qui avait eu à combattre les Lombards ennemis acharnés de la puissance des empereurs d'Orient en Italie. Les successeurs de Longin sont peu connus.	Agilulfe et son épouse Théodelinde sont les souverains les plus remarquables de la Lombardie.	

CÉLÉBRITÉS.

Mahomet	Fondateur de la grandeur des Arabes.
Amrou	Général d'Omar, fait brûler la bibliothèque d'Alexandrie.
Théodelinde	Reine de Lombardie; on lui doit la couronne de fer.
St. Eloi	Ministre de Dagobert.
Bède le vénérable	Le plus grand savant de son siècle.
St. Colomban	Propagateur de la vraie foi.
St. Gall	do.
Pépin de Landen	Maire du palais sous Sigebert II d'Austrasie, fils de Dagobert I.
Grimoald	Maire du palais sous Dagobert II fils de Sigebert II.
St. Léger	Maire du palais sous les fils de Clovis II
Ebroïn	do.
Ste. Bathilde	Femme de Clovis II, régente de France.
Pépin d'Heristall	Petit fils de Pépin de Landen; maire du palais de Neustrie et d'Austrasie
Cadijah	1re épouse de Mahomet
Aïesha	Fille d'Abou Beckr, 2e épouse de Mahomet.

ÉVÉNEMENTS.

610 Phocas empereur d'Orient est mis à mort — Héraclius lui succède et défend son roy.me avec gloire.
613 Mort de Brunehaut
622 Hégire. Mahomet donne une religion et des lois aux Arabes.
628 Dagobert et St. Eloi.
632 Mort de Mahomet — Omar étend les conquêtes arabes et soumet la Perse.
641 Prise d'Alexandrie par Amrou lieutenant d'Omar; il incendie la Bibliothèque.
656 Régence de Ste Bathilde: querelle de St. Léger et d'Ebroïn.
673 Constantin IV Pogonat incendie la flotte arabe avec le feu grégeois.
687 Bataille de Testry, la victoire reste aux Austrasiens et à Pépin d'Héristall.
694 Les Arabes s'emparent de Carthage.
697 Anafeste I doge de Venise.

sie.

8e S

Siècle de C

Caractère du Siècle: La France sous Charlemagne domine l'Europe. Puissance

Héros: Charles Martel. Charlemagne. Irène. Witikind.

ANGLETERRE	FRANCE.		GERMANIE.	ORIENT.	
Est encore divisée en 7 royaumes ou Heptarchie.	Mérovingiens		La Germanie est occupée par diverses peuplades: les Suèves, les Bavarois, les Thuringiens, etc. enfin Charlemagne en fait la conquête.	Tibère III	698+705
	Childebert II	695+711		Justinien II 2e fois	705+711
	Dagobert II	711+715		Race Isaurienne.	
	Clotaire IV	715+717		Léon III l'Isaurien	717+741
	Chilpéric II Daniel	717+720		Constantin IV Copronyme	741+775
	Thierry	720+737		Léon IV	775+780
	Childéric III	742+752		Constantin V Porphyro. et Irène sa mère	780+797
	Carlovingiens.			Irène seule	797+802
	Pépin le Bref.	752+768			
	Charlemagne	768+814.			

8e Siècle.

de Charlemagne.

sant temporelle des papes. l'Asie occidentale brille sous les califes abassides. Haroun-al-Raschid .. Rodrigue roi des Visigoths.

8+705
5+711
+741
+775
+780
+797
+802

ESPAGNE.	CALIFAT DE CORDOUE EN ESP.	C. DE BAGDAD. EN ASIE.	ITALIE. Lombardie.	Ex. de Ravenne.	Eglise.
Les Visigoths sont vaincus par les Arabes à Xérès 711, sous Rodrigue leur dernier roi. Les Arabes étaient conduits par Gibel al Tareck.	Arabes ommiades. Abdéram I Hescham I Al. Hakem I	Ommiades. Walid I Soliman I 750. Abassides. Aboul Abbas Almanzor Haroun-al-Raschid (ou le juste).	Luitperd. Ansprand. Luitprand. Astolphe Didier 757 774. Charlemagne.	Les Exarques conquièrent une grande partie de l'Italie pour les empereurs d'Orient. Astolphe fait la conquête de l'Exarchat en 752 mais Pépin roi de France le lui enlève et en fait donation au St Siége.	755. Puissance temporelle des papes établie par les donations de Pépin et de Charlemagne.

CÉLÉBRITÉS.

Charles-Martel	Maire du palais, vainqueur des Sarrasins à Poitiers 732.
Almanzor	Calife abasside.
Haroun-al-Raschid	Calife abasside, a donné son nom à un siècle littéraire.
Witikind	Le plus célèbre des Chefs Saxons.
Frédégaire	Le Scholastique ou le savant chroniqueur.
Alcuin	Moine anglais, célèbre par sa science. Il fut appelé à la cour de Charlemagne.

ÉVÉNEMENTS.

711 Les Arabes en Espagne, fin du royaume visigoth. Pélage dans les Asturies.
725 Léon l'Isaurien proscrit le culte des images. Les Iconoclastes.
732 Charles-Martel défait les Arabes à Poitiers.
750 Aboul-Abbas fait massacrer les Ommiades.
752 Avénement des Carlovingiens
756 Fondation du Califat de Cordoue.
755 Puissance temporelle des papes.
774 Fin du royaume lombard. Didier dernier roi.
790 Irène fait crever les yeux à son fils Constantin Porphyrogénète.

9e

Démembrement du

Caractère du Siècle : La féodalité se régularise, l'autorité royale s'efface, le pouvoir

Héros : Alfred-le-Grand.

Evénements : Second empire d'Occident 800. Incursions des

ANGLETERRE. Anglo-Saxons.		FRANCE.		ALLEMAGNE.		ORIENT.
Egbert	827+837	Carlovingiens.		Carlovingiens.		Nicéphore 802
Ethelwulf	837+858	Charlemagne	768+814	Charlemagne	800+814	Staurace 811
Ethelbald	858+860	Louis I le débon.	814+840	Louis I le débonnaire	814+840	Michel Curopalate 811
Ethelbert	860+866	Charles II le chauve	840+877	Lothaire	840+855	Léon V l'Arménien 813
Ethelred	866+871	Louis II le bègue	877+879	Louis II	855+876	Mich. II le Bègue 820
Alfred le Grand	871+901	Louis III et Carloman	879+884	Charles-le-Chauve	876+877	Théophile 829
		Charles-le-Gros	884+888	Charles-le-Gros	881+887	Mich. III l'Ivrogne 842
		Eudes	888+898	Arnoul	896+899	Race Macédonienne.
		Charles III le Simple	898+923	Louis IV l'enfant	899+911	Basile I 867
						Constantin VI avec Basile son père 868+878
						Léon VI le philos. 886

9e Siècle.

du Second empire d'Occident
de l'Eglise, prend un accroissement immense, le monde mahométan brille pr s'écrouler d. le siècle suivant.
Eudes. Rurik.
Danois en Angleterre et des Normands en France.

	ASIE.	ESPAGNE.		ITALIE.	
..842	Califat de Bagdad.	Califat de Cordoue.	Castille.	Gui de Spolète et	Eglise.
..811	**Abassides.**	**Ommiades.**	Alphonse le Chaste.	Béranger de Frioul	Le pouvoir temporel
de 811	Haroun al Raschid	Al-Hakem	Navarre.	se disputent une	des papes s'affermit.
in 813	Al-Mamoun.	Abdérame II le	Inigo de Bigone.	partie de l'Italie.	
..820		Victorieux.			
..829					
..842					
..867					
..878					
..886					

CÉLÉBRITÉS.

Eginhard	Avait été élevé par Alcuin, et devint secrétaire de Charlemagne. On a de lui des ouvrages précieux; la vie de Charlemagne, des annales sur l'histoire de France.
Hincmar	Célèbre archevêque de Reims.
Raban-Maur	Elève d'Alcuin devint archevêque de Mayence, il était d'une charité sans bornes. Ses écrits sont encore cités et consultés de nos jours.

9e Siècle.

ÉVÈNEMENTS.

800 Charlemagne Empereur d'Occident

827 Egbert met fin à l'heptarchie

836 Les Danois désolent l'Angleterre.

841 Siége de Rouen par les Normands – Bataille de Fontenay entre les fils de Louis-le-Débonnaire.

842 Les Piast en Pologne.

843 Traité de Verdun ; 4 royaumes : Allemagne, France, Lotharingie, et Italie.

845 Siége de Paris

850 Le normand Rurik, fonde l'empire moscovite.

857 Schisme de Photius.

866 Mort de Robert-le-Fort à Brissarthe.

877 Traité de Kiersy-sur-Oise qui constitue la féodalité.

888 Déposition de Charles-le-Gros.

Inigo fonde le royaume de Navarre.

10e Siècle

Caractère du Siècle: Gloire et décadence du Califat d'Espagne. Nationalité de

Héros: Hugues Capet. Othon I le Grand.

Evénements: La féodalité domine et s'élève jusqu'au trône.

ANGLETERRE		FRANCE		ALLEMAGNE	
Alfred le Grand	871+901	Carlovingiens.		Louis IV des Carlovingiens	899+911
Edouard l'ancien	901+925	Charles III le simple	898+923	Mson de Franconie.	
Athelstan	925+940	Raoul	923+936	Conrad I	911+918
Edmond	940+946	Louis IV d'Outremer	936+954	Mson de Saxe.	
Edred	946+955	Lothaire	954+986	Henri I l'Oiseleur	918+936
Edwi	955+957	Louis V	986+987	Othon I le Grand	936+973
Edgard	957+975	Capétiens.		Othon II	973+983
Edouard le martyr	975+978	Hugues-Capet	987+996	Othon III	983+1002
Ethelred II	978+1016	Robert	996+1031		

Siècle
de Fer.

l'Allemagne. Nationalité Française. Fin des invasions.
Rollon Sylvestre II
Lutte entre les Chrétiens d'Espagne et les Arabes.

ORIENT		ITALIE			
Léon IV le philosophe	886+911	Roy^e d'Italie.	Gênes.	Venise.	Eglise
Constantin VII Porphyro-		Louis l'aveugle de Provence	Elle se rend	Elle devient	Dans le 10e S.
-génète II seul.	912+919	Béranger de Frioul	indépendante et se	indépendante, et	on voit l'élection
avec Romain Lécapène		Rodolphe de Transjurane	donne des consuls.	sous Orséolo elle	de plusieurs
et ses fils	919+945	Hugues de Provence	Pise.	grandit en	anti-papes.
de nouveau seul	945+959	Lothaire	République ma-	puissance	Sylvestre II est
Romain II	959+963	Béranger d'Yvrée usurpe	ritime rivale de		le pape le
Nicéphore-Phocas	963+969	Adélaïde et Othon	Gênes s'enrichit		plus célèbre
avec Zimiscès	969+976	le Grand	par son commerce.		du S.
Basile II et					
Constantin IX	976+1025				

CÉLÉBRITÉS.

Rollon	Chef des Normands au temps de Charles III le simple.
Marosie	Dame romaine toute puissante, elle avait 2 filles qui sont demeurées célèbres : Théodora et Marosie. Toutes trois étaient à Rome le centre et l'âme d'un parti puissant ennemi des Allemands et qui faisait élire les papes à sa volonté.
Hugues le Grand de France.	Le plus puissant des vassaux sous les premiers Carlovingiens. Il fut le père de Hugues Capet qui monta sur le trône en 987, et qui donna son nom à la dynastie capétienne dont il fut le premier roi.
Gerbert.	Moine bénédictin, fut le précepteur d'Othon III et de Robert de France. Élu pape sous le nom de Sylvestre II, il administra sagement et laissa la réputation d'un grand savant. Ses connaissances étaient prodigieuses pour son siècle. On lui attribue l'introduction des chiffres arabes en Europe.

ÉVÈNEMENTS.

912. La Normandie est donnée à Rollon.

912. Règne glorieux d'Abdérame III à Cordoue.

920. Défaite des chrétiens d'Espagne au Val-de-Jonquéra : guerres continuelles entre les chrétiens et les Arabes d'Espagne.

936. Avènement d'Othon I le Grand en Allemagne — Avènement de Louis IV d'Outremer en France.

939. Défaite d'Abdérame à Simancas

950. Béranger s'empare des États de Lothaire roi d'Italie.

951. Othon le Grand épouse Adélaïde veuve de Lothaire et se fait couronner roi d'Italie — Conversion des Hongrois, des Russes, des Norvégiens.

987. Avènement des Capétiens.

994. Prise de St-Jacques de Compostelle par Almanzor, repris par les chrétiens.

999. Défaite d'Almanzor à Calacanazor

Remarque. Les sciences sont obscurcies, le clergé lui-même néglige de s'instruire.

11e

La féodalité s'établit partout en

Caractère du Siècle : Réaction de l'Occident contre l'Orient

Héros : Godefroy de Bouillon. Guillaume le Conquérant. Macbeth. Le Cid.

Évènements : Conquête de l'Angleterre par Guillaume le Conquérant 1066

ANGLETERRE		FRANCE		ALLEMAGNE	
Race des Anglo-Saxons		Capétiens		Mson de Saxe	
Ethelred II	978+1016	Robert	996+1031	Othon III	983+1002
Edmond côte de fer	1016+1017	Henri I	1031+1060	Henri II le Saint	1002+1024
Danois		Philippe I	1060+1108	Mson de Franconie	
Canut le Grand	1017+1036			Conrad II	1024+1039
Harold I	1036+1039			Henri III	1039+1056
Canut II	1039+1042			Henri IV	1056+1106
Saxons				ORIENT	
Edouard, le confesseur	1042+1066			Basile et Constantin IX	1025+1028
Harold II	1066+1066			Romain Argyre	1028+1034
Normands				Michel IV	1034+1041
Guillaume le Conquérant	1066+1087			Michel V	1041+1042
Guillaume II le Roux	1087+1100			Zoé et Théodora	1042+1056
Rois d'Écosse				Constantin X	1056+1057
Duncan				Fille des Comnène	
Macbeth				Isaac Comnène	1057+1059
Malcolm					

Siècle.

Europe et la Chevalerie y fleurit.

Commencement de la civilisation européenne.

Henri IV d'Allemagne. Grégoire VII. Robert Guiscard fils de Tancrède de Hauteville

Querelle des Investitures 1074. Première croisade 1095. Victoires du Cid.

ESPAGNE		PORTUGAL	ITALIE	
Les Arabes perdent chaque jour du terrain contre les chrétiens. Le Califat de Cordoue se démembre et 9 royaumes indépendants s'élèvent sur ses ruines. Ce sont ceux de Murcie, Badajoz, Granade, Saragosse, Majorque, Valence, Séville, Tolède, Cordoue qui luttent contre les Chrétiens	**Castille.** Alphonse VI sous lequel s'illustre le Cid. **Navarre.** Peu importante au 11e Siècle **Aragon.** Est érigé en royaume en 1035, à la mort de Sanche III le Grand, roi de Navarre qui laisse cette partie de son domaine à son fils Ramire	Henri de Bourgogne arrière petit fils de Hugues Capet devient Comte de Portugal par son Mariage et ses conquêtes sur les Sarasins 1089	**Italie Méridionale** Les fils de Tancrède de Hauteville Robert Guiscard et Roger. **Savoie** L'Empereur Conrad donne la Savoie à Humbert aux blanches mains, tige des Comtes de Savoie.	**Eglise.** Grégoire VII sous lequel commence la querelle des Investitures Urbain II. Sous son pontificat est prêchée et a lieu la 1ère Croisade.

CÉLÉBRITÉS.

Hildebrand	Fils d'un charpentier de Soana en Toscane, entra dans le monastère de Cluny et fut élu pape sous le nom de Grégoire VII. Ce pontife fut un grand homme et un grand saint.
Mathilde (Comtesse)	Souveraine maîtresse de la Lombardie et d'une partie de la Toscane lègue ses biens au St-Siège.
Pierre l'Ermite	Célèbre par la prédication de la première croisade
Godefroy de Bouillon	Duc de Lorraine, chef de la 1ère croisade et premier roi de Jérusalem.
Guy l'Arétin	(C'est-à-dire natif d'Arezzo) a inventé la gamme.
Bérenger	Hérétique célèbre, qui abjura ses erreurs.
Le Cid	Surnommé Campéador est le héros de l'Espagne au 11e siècle.
Macbeth	Prince Écossais, tue Duncan et lui succède.
Guillaume le Conquérant	Duc de Normandie, s'empare de l'Angleterre.
Robert Guiscard	Aidé de Roger son frère s'empare de la Sicile.

Siècle .

ÉVÈNEMENTS.

1000	Crainte de la fin du monde
1031	Démembrement du Califat de Cordoue.
1043	Les Normands et les fils de Tancrède de Hauteville à Naples
1056	Avènement de l'empereur Henri IV
1059	Fin de califat de Bagdad
1066	Bataille d'Hasting
1074	Guerre des Investitures
1081	Règne d'Alexis Comnène
1087	Mort de Guillaume le Conquérant. Avènement de Guillaume II le Roux.
1094	Prise de Valence par le Cid
1095	Première Croisade
1099	Prise de Jérusalem par les croisés sous la conduite de Godefroy de Bouillon — Mort du Cid — Fondation de l'ordre des Hospitaliers.

12e Siècle des

Caractère du Siecle : *Réaction de l'Occident contre l'Orient*

Héros : *Philippe Auguste, Richard cœur de Lion, Frédéric Barberousse.*

Evénements : *Affranchissement des Communes. Fondation du royaume de Portugal 1139*

ANGLETERRE		FRANCE		ORIENT	
Famille Normande.		Capétiens.		Alexis Comnène	1081+1118
Henri I	1100+1135	Philippe I	1060+1108	Jean Comnène	1118+1143
Etienne de Blois	1135+1154	Louis VI le Gros	1108+1137	Manuel C.	1143+1180
Famille des Plantagenets		Louis VII le Jeune	1137+1180	Alexis C.	1180+1183
Henri II	1154+1189	Philippe Auguste	1180+1223	Andronic C	1183+1185
Richard Cœur de Lion	1189+1199	**ALLEMAGNE**		Isaac II l'Ange	1185+1195
Jean sans terre	1199+1216	Maison de Franconie Henri IV	1056+1106	Alexis III l'Ange	1195+1204
ECOSSE		Henri V	1106+1125	**EGYPTE**	
Peu remarquable		Lothaire II de Supplembourg	1125+1137	Califes du Caire.	
Alexandre		Mon de Souabe ou de Hohenstauffen.		Saladin.	1173+1193
David I		Conrad III va à la Croisade	1137+1152		
Malcolm IV		Frédéric I Barberousse	1152+1190		
Guillaume		Henri VI le Sévère	1190+1197		
		Philippe	1197+1208		

Siècle

Croisades

Affranchissement des Communes. Renaissance du droit public.

St Bernard. Thomas Becket. Abélard. Saladin.

Querelle des Guelfes et des Gibelins 1140. Divorce d'Eléonore de Guyenne 1152 2e Croisade 1147-1149. 3e Croisade 1189-1193

ESPAGNE		PORTUGAL		ITALIE	
Navarre-Aragon.		Henri de Bourgogne		Sicile.	Eglise.
Alphonse I le batailleur	1104+1134	Comte	1095+1139	Flle Normande	Pascal II emprisonné
Ramire II le moine	1134+1137	Alphonse Henriquez roi	1139+1185	Roger I	Innocent II 1130+1143
Raymond Bérenger	1137+1162	Sanche I	1185+1211	Roger II	Alexandre III 1159+1181
Alphonse II	1162+1196			Guillaume I le m.	Innocent III. 1198+1216
Pierre II	1196+1213			Guillaume II le bon	
Castille.				Tancrède	
Alphonse VI	1072+1109			Guillaume III	
Uraque et Alphonse				Flle de Souabe	
le batailleur	1109+1124			Constance et Henri VI	
Alphonse VIII	1124+1157			Frédéric II. 1197+1250	
Alphonse IX	1157+1214			Savoie.	
				Peu importante.	

CÉLÉBRITÉS

Suger	Abbé de Saint-Denis fut ministre sous Louis VI et Louis VII. Il a écrit la vie de Louis VII.
Tancrède	Prince Sicilien petit fils de Tancrède de Hauteville se signala au siège de Jérusalem; c'est lui qui le premier plaça son étendard sur les murs de la ville sainte.
Gui de Lusignan.	Dernier roi de Jérusalem. Il fut vaincu à Tibériade en 1187, et fait prisonnier par Saladin.
Gengis-Khan	Fameux prince Mongol.
Abélard	Il brille parmi les savants du 12e siècle, ayant cultivé tous les genres de science et de littérature.
St-Bernard	De l'illustre famille de Châtillon, entra dans le cloître de Citeaux où ses frères le suivirent. Ce fut lui qui prêcha la 2e croisade.
Pierre-le-Vénérable	Abbé et général de l'ordre de Cluny donna l'exemple de toutes les vertus. C'est lui qui aida Abélard de ses conseils lorsque celui-ci revint à Dieu.
Guillaume de Tyr	Archevêque de Tyr, nous a laissé une histoire des Croisades.
St Thomas Becket	Archevêque de Cantorbéry, assassiné par ordre de Henri II.

Siècle.

ÉVÈNEMENTS.

1100 Henri I. Beauclerc succède à Guillaume le Roux.
1106 Henri IV empereur d'Allemagne est déposé et meurt. Henri V lui succède.
1115 La comtesse Mathilde lègue ses états au Saint-Siège.
1118 Fondation de l'ordre des Templiers.
1119 Bataille de Brenneville.
1137 Avènement de Louis VII le Jeune.
1139 Alphonse Henriquez est proclamé roi de Portugal.
1147 Deuxième croisade, prêchée à Vezelay par Saint Bernard.
1152 Avènement de l'empereur Frédéric Barberousse. Henri II Plantaganet épouse Eléonore de Guyenne.
1176 Première ligue lombarde contre Frédéric Barberousse.
1180 Avènement de Philippe Auguste.
1187 Les chrétiens défaits à Tibériade par Saladin.
1189 3e Croisade: Frédéric Barberousse, Philippe Auguste, Richard cœur-de-lion.
1194 L'empereur Henri VI s'empare de la Sicile.
1198 Avènement du pape Innocent III.
1199 Mort de Richard cœur-de-lion.

37.

13e

Les Croisades

Caractère du Siècle : Apogée et décadence de la papauté. Extension et affermissement ...
Héros : Saint-Louis. Frédéric II Hohenstauffen. Rodolphe de Hapsbourg. Wallace.
Evénements : Règne de Philippe Auguste 1180+1223. Règne de Jean sans-terre 1199+1216. Empire latin 1204

ANGLETERRE		FRANCE		ALLEMAGNE		ORIENT	
Fam^lle des Plantagenets		Capétiens		M^on de Souabe ou Hohenstauffen		Alexis III l'Ange	1195+1203
Jean Sans-terre	1199+1216	Philippe II	1180+1223	Philippe	1197+1208	Alexis IV l'Ange	1203+1204
Henri III	1216+1272	Louis VIII	1223+1226	Othon de Brunswick	1208+1218	Murzuphle	1204+1204
Edouard 1	1272+1307	Louis IX (Le Saint)	1226+1270	Frédéric II Hohenst.	1218+1250	1204 Empire Latin	
ÉCOSSE		Philippe III	1270+1285	Conrad IV	1250+1254	Baudouin de Flandre	1204+1206
Alexandre III.	1249+1286	Philippe IV	1285+1314	Guill. de Hollande	1254+1256	Henri de Flandre	1206+1216
Jean Baliol				Interrègne	1256+1273	Pierre de Courtenay	1216+1219
Interrègne	1286-1306			M^on de Hapsbourg ou d'Autriche		Robert de Courtenay	1219+1228
				Rodolphe de Hapsbourg	1273+1292	Baudouin II	1228+1261
				Adolphe de Nassau	1292+1298	Jean de Brienne	1231+1261
				Albert d'Autriche	1298+1308	Empire Grec rétabli.	
						Michel VIII Paléologue	1261+1282
						Andronic II	1282+1328
						Nota : Les princes grecs règnent à Nicée.	

Siècle

continuées.

du pouvoir royal sur la féodalité. Apparition du Peuple dans les affaires politiques.
Conradin. Procida. Ugolin. Simon de Montfort. Saint-Thomas d'Aquin. Innocent III.
Guerre des Albigeois 1209. Croisade des enfants 1213. Règne de St Louis 1226 + 1270. 5e croisade 1248. 6e croisade 1270. Vêpres Siciliennes 1282.

ESPAGNE	PORTUGAL	ITALIE			
Castille	Sanche le poplador	Naples et Sicile		Savoie.	Eglise.
Henri I	Alphonse II.	Frédéric II	1197 + 1250	Thomas I	Innocent III.
St Ferdinand	Alphonse III.	Conrad IV.	1250 + 1254	Amédée IV	Boniface VIII
Alphonse X	Denis le libé-	Conradin	1254 - 1268 sous la tutelle de Mainfroy	Boniface	Gênes.
Sanche IV	ral.	Mainfroy usurpe	1258 + 1266	Pierre	République
Ferdinand IV		Charles d'Anjou.	1266 + 1282	Philippe	puissante.
Aragon.		Naples.	Sicile.	Amédée V	
Pierre II. + 1213.		Charles d'Anjou. 1266 + 1285	Pierre III d'Aragon. 1282 + 1285.	Pise	
Jacques le Victorieux.		Ch. le boiteux. 1285 + 1309	Jacques 1285 + 1296.	Gouverné par	
Pierre III. + 1285.			Frédéric I. 1296 + 1337.	Ugolin.	

CÉLÉBRITÉS.

Albert le Grand	De l'ordre des Dominicains, fut surnommé le Grand à cause de l'étendue de ses connaissances.
Roger Bacon	Moine anglais surnommé le docteur admirable, on lui doit, dit-on, la découverte du microscope, du télescope, de la poudre à canons.
St Dominique	De la noble famille des Gusman, naquit dans la vieille Castille. Vint en France à l'époque de la guerre des Albigeois, fonda l'ordre des Dominicains ou Frères-Prêcheurs, et institua le Rosaire.
St François d'Assise	Instituteur de l'ordre des Frères-Mineurs dits Franciscains.
St Thomas d'Aquin surnommé le Docteur angélique.	De l'illustre famille d'Aquin, entra dans l'ordre des Dominicains afin de satisfaire sa piété et sa passion pour l'étude. Il fut l'homme le plus savant et le théologien le plus profond de son siècle. Son ouvrage le plus remarquable est sa Somme théologique.
St Bonaventure	De l'ordre des Franciscains a été surnommé le docteur séraphique.
Alexandre de Halès	Franciscain, célèbre philosophe et théologien anglais, surnommé le docteur irréfragable.
Henri de Suze	Docteur.
Scott	Franciscain célèbre philosophe surnommé le docteur subtil.
Alain	Surnommé le docteur universel, enseigna la théologie à l'Université de Paris.
St Antoine de Padoue	Un des plus célèbres religieux de l'ordre des Franciscains.
Ste Elisabeth de Hongrie	Fille du roi de Hongrie, André, épousa à l'âge de 14 ans, Louis landgrave de Thuringe.
Villehardouin	Historien, a écrit l'histoire de la conquête de Constantinople par les Croisés.
Guillaume de Lorris	Poète français, auteur du roman de la Rose.
Cimabué	de Florence, restaurateur de la Peinture.

ÉVÈNEMENTS.

1200	Philippe Aug. fonde l'Université de Paris
1204	4e Croisade. Fondation de l'empire latin. Baudouin de Flandre empereur. Confiscation de la Normandie sur Jean Sans-terre.
1208	Innocent III frappe Jean et l'Angleterre d'interdit.
1209	St François d'Assise fonde l'ordre des Franciscains
1213	Victoire de Simon de Montfort à Muret sur les Albigeois
1214	Bataille de Bouvines gagnée par Ph. Auguste
1215	St Dominique fonde l'ordre des Dominicains
1216	Henri III Plantagenet roi d'Angleterre
1218	Simon de Montfort est tué au siège de Toulouse
1223	Avènement de Louis VIII le Lion
1226	Avènement de Saint-Louis
1227	Mort de Gengis-Khan
1242	Batailles de Taillebourg et de Saintes
1249	Prise de Damiette. Captivité de St Louis
1250	Frédéric II excommunié, battu par la ligue lombarde meurt et laisse sa couronne à Conrad IV.

1252	Alphonse X le Sage succède à St Ferdinand de Castille.
1261	L'empire Grec rétabli. Michel VIII Paléologue empereur.
1266	Charles d'Anjou bat Mainfroy près de Bénévent. Querelle entre Henri III et les barons anglais.
1268	Supplice de Conradin dernier des Hohenstaufen
1270	6e Croisade, mort de St Louis. Avènement de Philippe III.
1272	Avènement d'Edouard 1er roi d'Angleterre
1273	Avènement de Rodolphe de Hapsbourg.
1282	Vêpres Siciliennes. Pierre III d'Aragon roi de Sicile. Conquête du pays de Galles par Edouard I
1285	Avènement de Philippe IV le Bel.
1288	Ugolin dans la tour de la faim.
1296	Jean Baliol défait à Dumbar par Edouard I
1297	Wallace affranchit l'Ecosse par la victoire de Stirling.

Inventions à

Caractère du Siècle: Esprit d'émancipation et de liberté du peuple

Héros: Duguesclin. Le Prince noir. Robert Bruce. Marg Waldemar

Evénements: Démêlés entre Philippe IV et Boniface VIII 1301. Indépendance de la Suisse 1308
Rivalité d'Henri de Transtamarre et de Pierre le Cruel 1366.

ANGLETERRE

Famille des Plantagenets.

Edouard I	1272+1307
Edouard II	1307+1327
Edouard III	1327+1377
Richard II	1377+1399

Fille de Lancastre.

Henri IV	1399+1413

ÉCOSSE

Robert Bruce	1306+1329
David B.	1329+1332
Robert II Stuart	1370+1390
Robert III Stuart	1390+1406

FRANCE

Capétiens.

Philippe IV	1285+1314
Louis X	1314-1316
Philippe V	1316+1322
Charles IV	1322+1328

Valois.

Philippe VI de Valois	1328+1350
Jean II le Bon	1350+1364
Charles V le Sage	1364+1380
Charles VI	1380+1422

ALLEMAGNE

Mson de Hapsbourg.

Albert I d'Autriche	1298+1308

Mson de Luxembourg.

Henri VII	1308+1314

Mson de Bavière.

Louis V	1314+1347

Mson de Luxembourg.

Charles IV	1347+1378
Venceslas	1378+1400

POLOGNE

Piast.

Casimir le Grand	1333+1370
Louis le Grand	1370+1382

Jagellons.

Hedwige et Wladislas	1386+1390

EMPIRE GREC

Andronic II P.

Jean VI Cantacuzène et Jean V P.

Manuel P.

TURCS

Sultans.

Othman	1299+1326
Orkhan	1326+1360
Amurat I	1360+1389
Bajazet	1389+1402

Siècle
jamais mémorables.
manifesté par des révoltes ou des associations
Guillaume Tell. le Dante. Boniface VIII. Marino-Faliero.
Guerre de 100 ans entre la France et l'Angleterre 1337. Règne de Jeanne 1ère à Naples. 1347
Grand schisme d'Occident 1378.

DANEMARK SUÈDE et NORWÈGE	ESPAGNE	PORTUGAL		ITALIE	
Marguerite de Waldemar	Aragon	Pierre 1er le Justicier	Naples	Venise	Église
HONGRIE	Martin I.	Branche d'Aviz	Charles le boiteux	Marino-Faliero	Boniface VIII
André le Vénitien	Castille	Jean 1	Robert le Sage		Benoît XI
Charobert	Alphonse XI		Jeanne 1re		Clément V
Louis-le-Grand	Pierre le Cruel		Ch. Durazzo		Clément VI
Marie et Sigismond empereur	Henri Transtamare		Ladislas		Innocent VI
	Jean 1				Grégoire XI
	Henri III				Urbain VI
	Navarre				
	Jeanne de France				
	Charles le mauvais				
	Charles le noble				

CÉLÉBRITÉS.

Wiclef	Célèbre hérésiaque.
Duguesclin	Connétable de France. Il inaugura le règne de Charles V par la victoire de Cocherel, délivra la France des grandes compagnies et mourut au siège de Château-Randon, il fut inhumé à Saint-Denis.
Boccace	Célèbre auteur Italien.
Rienzi	Célèbre tribun de Rome. Il était l'ami de Pétrarque.
Le Dante	Célèbre poète Italien né à Florence. Il a composé un poème connu sous le nom de la Divine Comédie, ce poème est le premier qui ait été écrit en langue italienne.
Pétrarque	Célèbre poète italien vint se fixer à Avignon pendant le séjour des papes. C'est dans cette ville qu'il vit la célèbre Laure (de Noves) pour laquelle il conçut une grande affection. Plus tard enfermé dans la solitude de Vaucluse, il composa des poésies où il célébra la belle Laure.
Froissart	Chroniqueur et poète Français.
Le Sire de Joinville	Ami et conseiller de St Louis, a laissé des mémoires intéressants sur ce roi.
Gerson	Chancelier de l'Université de Paris a été surnommé le docteur très chrétien. On lui attribue l'Imitation de J. C.
Ste Catherine de Sienne	Entra à l'âge de 20 ans dans le tiers-ordre de Saint-Dominique. C'est d'après ses conseils que le pape Grégoire XI quitta Avignon pour revenir à Rome; elle joua un grand rôle dans le schisme d'Occident.

ÉVÈNEMENTS.

1301	Dante est exilé de Florence. Démêlés entre Boniface VIII et Philippe IV le Bel.
1302	Journée des Éperons à Courtrai.
1304	Bataille de Mons-en-Puelle.
1305	Clément V pape.
1307	Édouard II succède à Édouard I.
1308	Indépendance de la Suisse. Mort d'Albert d'Autriche.
1312	Victoire de Robert Bruce à Bannockburn assure l'indépendance de l'Écosse. Condamnation des Templiers au Concile de Vienne.
1314	Avènement de Louis X le Hutin.
1316	Avènement de Philippe V le long. Application de la loi salique.
1322	Avènement de Charles IV le Bel. Galéas Visconti règne à Milan.
1327	Édouard III succède à Édouard II assassiné.
1328	Jeanne fille de Louis X devient reine de Navarre. Avt de Philippe VI de Valois.
1333	Avènemt de Casimir le Grand roi de Pologne.
1335	Troubles de Gênes : les Grimaldi, les Doria, les Spinola.
1337	Commenct de la guerre de 100 ans entre la France et l'Angleterre. Jacques Artevelde dt les Pays-Bas
1339	Simon Boccanégra 1er doge de Gênes.
1340	Combat naval de l'Écluse; Philippe VI y est défait
1346	Bataille de Crécy.
1347	Prise de Calais. _ Jeanne 1ère de Naples.
1349	Charles II le Mauvais roi de Navarre.
1350	Avènement de Jean II le Bon. _ Rienzi est assassiné à Rome.
1355	Assassinat d'Inès de Castro _ Conspiration de Marino Faliero.
1356	Bataille de Poitiers. L'empereur Charles IV de Luxembourg donne la bulle d'or.
1358	La Jacquerie désole le Nord de la France.
1364	Avènemt de Charles V le Sage. Victoire de Duguesclin
1371	Robert Stuart roi d'Écosse.
1378	Gd Schisme d'Occident.
1386	Hedwige fille de Louis de Hongrie épouse Jagellon qui devient roi de Pologne.
1397	Union de Calmar
1399	Avènemt de Henri IV de Lancastre.

15e Siècle des

Caractère du Siècle : Partout la royauté domine et devient absolue, l'unité

Héros : Jeanne d'Arc. Christophe Colomb

Evènements : Etablissement de l'imprimerie 1436. Prise de Constantinople 1453.

ANGLETERRE.

Mson de Lancastre.

Henri IV	1399+1413
Henri V	1413+1422
Henri VI	1422+1461

Mson d'Yorck.

Edouard IV	1461+1483
Edouard V	1483+1483
Richard III	1483+1485

Mson des Tudors.

Henri VII	1485+1509

ÉCOSSE.

Robert III. Stuart	1390+1406
Jacques I. Stuart	1406+1437
Jacques II. Stuart	1437+1460
Jacques III. Stuart	1460+1488
Jacques IV. Stuart	1488+1513

FRANCE.

Valois.

Charles VI	1380+1422
Charles VII	1422+1461
Louis XI	1461+1483
Charles VIII	1483+1498

Valois-Orléans.

Louis XII	1498+1515

RUSSIE.

Vasili III	1425+1462
Ivan III	1462-1505

POLOGNE.

Mson des Jagellons.

Wadislas tué à Varna	1386+1434
Casimir IV	1445+1492

ALLEMAGNE

Robert Cte palatin	1400+1410
Sigismond de Luxemb.	1410+1438

Mson d'Hapsbourg Autriche.

Albert II	1438+1440
Frédéric III	1440+1493
Maximilien I	1493+1519

SUÈDE.

Administrateurs	
Factions, anarchie.	
Canutson adm.	
Sténon Sture adm.	

DANEMARK.

Le Danemark est séparé de la Suède	
Christian I. Roi	1448+1481
Jean	1481+1513

EMPIRE GREC.

Manuel Paléol.	1391+1425
Jean VIII P.	1425+1448
Constantin XII P.	1448+1453

EMPIRE TURC.

Race des Ottomans.

Bajazet I.	1389+1402
Mahomet II.	1451+1481
Bajazet II.	1481+1512

Siècle.

Découvertes.

politique et administrative s'établit, les lettres renaissent en Occident.

Warwick. Charles le Téméraire. Tamerlan.

Découverte de l'Amérique 1492. Expulsion des Maures de l'Espagne 1492.

ESPAGNE.		PORTUGAL		ITALIE.		
Castille et Aragon réunis en 1474.		Mson d'Avis.		Milanais.	Toscane.	Eglise.
		Jean I	1385+1433	Jean Galéas Visconti	Les Médicis.	Nicolas V fin du grand schisme.
Isabelle de Castille et	1474+1504	Edouard	1433+1438	Jean Marie Visconti	Jean	Pie II
Ferdinand d'Aragon.	1474+1516	Alphonse V	1438+1481	Philippe Marie V.	Cosme	Paul II
		Jean II	1481+1495	François Sforze	Pierre	Alexandre VI. de Borgia
		Emmanuel le Gd ou le fortuné	1495+1521	Ludovic le More	Laurent et Julien	
				Naples.	Pierre II	
				Jeanne II.		
				Alphonse d'Aragon.		
				Ferdinand II.		

CÉLEBRITÉS.

Otto de Guérick	Physicien, inventa la machine pneumatique.
Ph. de Commines	Historien a laissé des mémoires sur Charles-le-Téméraire, Louis XI et Charles VIII.
Juvénal des Ursins	Archevêque de Reims, historien de Charles VI.
Pic de la Mirandole	Célèbre par sa précocité et sa science, s'est distingué aussi comme poëte.
Ange Politien	Poëte italien, a écrit aussi en vers latins.
Charles d'Orléans	Père de Louis XII, poëte.
Alain Chartier	Poëte sous Louis XI.
Fra Giovanni	Religieux dominicain, peintre en miniature.
Christophe Colomb Vasco de Gama Barth. Diaz Cabral Albuquerque	Navigateurs fameux.
Jérôme Savonarole	Dominicain. Gouverne un instant Florence.
Jean Guttemberg	Un des inventeurs de l'imprimerie.
Jean Huss	Hérésiarque Allemand.
Jérôme de Prague	d°
Jeanne d'Arc	Une des gloires de la France.

Siècle.

ÉVÈNEMENTS.

1402 Tamerlan défait Bajazet à Ancyre.

1409 Rivalité des Armagnacs et des Bourguignons.

1399+1413 Règne d'Henri IV de Lancastre.

1414+1435 Règne de Jeanne II à Naples, elle adopte la 2e Maison d'Anjou, Alphonse roi de Sicile soumet Naples.

1414 Concile de Constance.

1415 Jean Huss condamné à être brûlé vif est exécuté.

1420 Traité de Troyes.

1429 Le siège d'Orléans est levé, Charles VII sacré à Reims

1439 Amédée VIII duc de Savoie devient anti-pape sous le nom de Félix V.

1442 Jean Huniade général Hongrois repousse les Turcs.

1444 Les Hongrois sont vaincus à Varna par les Turcs

1447 Fin du Schisme d'Occident, sous Nicolas V

1450 Les Sforzes remplacent à Milan les Visconti qui y dominaient depuis le 14e siècle.

1452+1485 Guerre des 2 Roses.

1453 Prise de Constantinople par les Turcs

1458 Georges Podiébrad, gentilhomme bohémien devient roi de Bohême. Mathias Corvin illustre roi de Hongrie combat les Turcs. Pie II pape.

1461 Rivalité de Louis XI et de Charles le Téméraire.

1461+1483 Règne d'Edouard IV d'York.

1462 Iwan III chasse les Tartares et fonde la monarchie russe.

1469+1492 Beau règne de Laurent de Médicis.

1472 Jeanne Hachette défend Beauvais.

1474 L'Espagne réunie sous Ferdinand et Isabelle.

1476 Batailles de Granson et de Morat, Charles le Téméraire y est défait.

1477 Maximilien empereur d'Allemagne agrandit ses états des Pays-Bas.

1478 Les Pazzi conspirent contre les Médicis.

1483 Mort des Enfants d'Edouard.

1485 Avènement de Henri VII Tudor.

1488+1498 Jérôme Savonarole est tout puissant à Florence.

1492 Découverte de l'Amérique par Christophe Colomb. Les Maures sont vaincus à Grenade.

1492 Alexandre VI pape.

1494 Ludovic le More remplace les Sforzes à Milan.

16e [S]

Renaissance pure

Caractère du Siècle: Époque de régénération. Développement de l'esprit humain.
Héros: François I. Charles-Quint. Henri de Guise. Catherine de Médicis.
Evènements: Réforme 1517. Règnes de Charles-Quint 1519-1556 et de Philippe II d'Espagne 1556+1598

ANGLETERRE.

Mon des Tudors

Henri VII	1485+1509
Henri VIII	1509+1547
Édouard VI	1547+1553
Marie Tudor	1553+1558
Élisabeth	1558+1603

ÉCOSSE.

Jacques IV Stuart	1488+1513
Jacques V Stuart	1513+1542
Marie Stuart	1542+1567
Jacques VI	1567+1625

SUÈDE.

Sténon-Sture	1512+1520
Christiern de Dan:	1520+1523
Gustave Vasa roi	1523+1560
Éric XIV	1560+1568
Jean III	1568+1592
Sigismond	1592+1604

FRANCE.

Valois-Orléans.

Louis XII	1498+1515

Valois-Angoulême.

François I	1515+1547
Henri II	1547+1559
François II	1559+1560
Charles IX	1560+1574
Henri III	1574+1589

Bourbons.

Henri IV	1589+1610

DANEMARK

Christian II	1513+1523
Christian II est chassé	
Frédéric I	1523+1534
Christian III	1534+1559
Frédéric II	1559+1588
Christian IV	1588+1648

ALLEMAGNE.

Hapsbourg-Autriche

Maximilien I	1493+1519
Charles-Quint	1519+1556
Ferdinand I	1556+1564
Maximilien II	1564+1576
Rodolphe II	1576+1612

TURQUIE.

Race Ottomane

Bajazet II	1481+1512
Sélim I	1512+1520
Soliman le magn:	1520+1566
Sélim II	1566+1574
Amurat III	1574+1595
Mahomet III	1595+1604

RUSSIE.

Ivan III	1462+1505
Vasili IV	1505+1533
Ivan IV	1533+1584
Fédor I	1584+1598
B. Godounof +	1598+1605

POLOGNE.

Alexandre	1501+1506
Sigismond I	1506+1548
Sigismond II	1548+1573
Henri de Valois	1573+1575
Étienne Battori	1575+1587
Sigismond III Vasa	1587+1632

HOLLANDE.

D'abord sous la domination Espagnole

Stathouders

Guillaume I d'Orange	1559+1584
Maurice d'Orange	1584+1625

Siècle.

Grands troubles religieux.

Guerres religieuses. Monarchies absolues. Système Colonial.

Marie Stuart. Soliman. Léon X de Médicis. Luther. Guillaume d'Orange. Gustave Wasa.

Règne d'Elisabeth d'Angleterre 1558+1603. Saint Barthélemy 1572. La Ligue 1576.

ESPAGNE.

Ferdinand le Catholiq.	1474+1516
Isabelle	
Jeanne la folle	1504+1555
Philippe le Beau	
M^son d'Autriche.	
Charles I Quint	1516 1556 +1558
Philippe II	1556+1598
Philippe III	1598+1621

PORTUGAL.

Emmanuel le fortuné	1495+1521
Jean III	1521+1557
Sébastien	1557+1578
Henri le Cardinal	1578+1580
M^son d'Espagne.	
Philippe II	1580+1598
Philippe III	1598+1621

ITALIE.

Toscane.	Venise.	Naples et Sicile	Eglise.
Alexandre de Médicis	Réunit ses forces	Sont aux Maisons	Alexandre VI
Cosme I Grand Duc	pour lutter	Espagnoles	Jules II
François de Médicis	contre la ligue	**Savoie.**	Léon X de Médicis
Ferdinand	de Cambrai 1508	Charles III	Adrien VI. Pie V
Parme.	En 1512, elle	Philibert Emmanuel	Sixte-Quint
Maison des Farnèze	entre dans la	Charles Emmanuel	Clément VIII
Gênes.	Ste-Ligue contre	le Grand.	
André Doria	Louis XII Roi	**Milanais.**	
	de France.	D'abord aux Sforzes	
		puis à l'Espagne.	
		Ferrare.	
		Maison d'Este.	

CÉLÉBRITÉS.

César et Lucrèce Borgia	Enfants d'Alexandre VI Borgia
Vasco de Gama	Célèbre Navigateur Portugais
Magellan	d°
Fernand Cortez	Conquiert le Mexique
Pizarre	Conquiert le Pérou
André Doria	Restaurateur de la liberté Génoise.
Rohan	Chef des Calvinistes.
Bayard	Chevalier Français.
Las Casas	Évêque de Chiapa au Mexique, de l'ordre des Dominicains.
Spinola	Célèbre général Génois.
Guichardin	Historien Italien.
Marot	Poète Français.
Erasme	Écrivain célèbre né à Rotterdam.
Rabelais	Célèbre écrivain Français.
Amyot	Poète
Machiavel	Philosophe
Copernic... Galilée	Astronomes
Thomas Morus	Grand Chancelier d'Angleterre
L'Arioste	Célèbre poète Italien
Michel-Ange	Peintre, Sculpteur, Architecte, Poète
Raphaël	Le plus grand des peintres modernes

Ronsard _ Belleau	Poètes Francais
Montaigne	Philosophe français.
Le Tasse	Poète italien.
Michel Cervantès	Auteur Espagnol.
Léonard de Vinci	Peintre célèbre de l'école Italienne.
Ambroise Paré	Père de la Chirurgie française.
Le Titien... Carrache	Peintres célèbres.
Théodore de Bèze	Un des chefs calvinistes.
Tycho-Brahé	Astronome.
Nostradamus	Astrologue fameux.
Sadolet... Bembo	Cardinaux, secrétaires de Léon X
Jodelle	Mauteur dramatique français
Luther	Auteur de la Réforme
Calvin	Chef de la Réforme en France et en Suisse
Ste Thérèse	Religieuse Carmélite
St Ignace de Loyola	Fondateur de l'ordre des Jésuites
St François Xavier	Jésuite apôtre des Indes
St Charles Borromée	Archevêque de Milan Cardinal
Fiesque	Conspirateur
Camoëns	Poète Portugais auteur des Lusiades.

16e Siècle.

ÉVÉNEMENTS.

1500	Ludovic le More perd ses états ap. la batlle de Novarre.
1505	Ferdinand unit les couronnes d'Espagne, de Sicile et de Naples.
1508	Ligue de Cambrai contre Venise.
1509	Défaite des Vénitiens commandés par l'Alviane à Agnadel.
1511	Ste Ligue conclue contre Louis XII.
1512	Victoires de Gaston de Foix.
1516 +	Zwingle prêche en Suisse.
1577	Comment de la réforme protestante Martin Luther
1519	Charles Quint empereur.
1521	Prise de Belgrade par Soliman
1522 +	Prise de Rhodes par Soliman.
1523	Gustave Vasa est proclamé roi de Suède.
1525	Batlle de Pavie; François I fait prisonnier.
1533 +	Les Anabaptistes de Munster; Jean Bockelson le prophète. — Mort de l'Arioste.
1537 +	Ste Angèle de Mérici institue les Ursulines.
1542 +	Barthélemy de Las Casas de l'ordre des Dominicains plaide en faveur des indigènes d'Amérique. — Marie Stuart reine d'Écosse.
1545	Commencement du concile de Trente.
1549	St François Xavier au Japon.
1553	Jeanne Grey. Calvin fait brûler Servet à Genève.
1556	Abdication de Charles Quint.
1557	Bataille de St Quentin.
1558	Les français reprennent Calais.
1560	Mort d'André Doria.
1565	Ds les Pays Bas, Guill. d'Orange le taciturne; les Gueux. Le gd maître Lavalette défend Malte.
1571	Btle de Lépante sous Pie V pape et don Juan d'Autriche.
1572	Massacre de la St Barthélemy.
1580	Le Portugal est réuni à l'Espagne.
1582	Le Calendrier grégorien.
1584	Assassinat de Guillaume d'Orange.
1586	Elisabeth fait mourir Marie Stuart par la main du bourreau.
1589	Avènement des Bourbons.
1591	Boris Godounof fait tuer Dmitri, frère du czar Féodor.
1598	Traité de Vervins entre la France et l'Espagne.

17e.

Grand Siècle.

Caractère du Siècle : Fin des guerres religieuses. Prépondérance de Louis XIV.

Héros : Richelieu. Gustave-Adolphe. Guillaume III d'Orange

Evénements : Guerre de 30 ans. 1618. Révolution de Portugal 1640. Guerre de la Fronde 1648-1653.

ANGLETERRE.

Elisabeth Tudor	1558-1603
Stuarts.	
Jacques I S. Il unit l'Angleterre et l'Ecosse sous le nom de Gde Bretagne	1603-1625
Charles I Stuart	1625-1649
Interrègne	1649 1653
Olivier Cromwell prot.	1653-1658
Richard Cromwell	1658-1660
Charles II S. est rétabli grâce à Monk.	1660-1685
Jacques II	1685-1689
Révolution	1688.
Guillaume III d'Orange et Marie	1689-1702

FRANCE.

Bourbons.	
Henri IV	1589-1610
Louis XIII	1610-1643
Louis XIV	1643-1715

POLOGNE.

Sigismond IV Vasa	1587-1632
Ladislas Sigismond	1632-1648
Jean Casimir abdique	1648-1667
Michel Coribut	1667-1673
Jean Sobieski	1673-1697
Ligne de Saxe.	
Auguste I (1re fois)	1697-1704

DANEMARCK.

Christian IV	1588-1648
Frédéric III	1648-1670
Christian V	1670-1699
Frédéric IV	1699-1730

ALLEMAGNE.

Hapsbourg.	
Rodolphe II	1576-1612
Mathias	1612-1619
Ferdinand II	1619-1637
Ferdinand III	1637-1658
Léopold I	1658-1705

HOLLANDE.

Maurice d'Orange	1584-1625
Henri Frédéric	1625-1647
Guillaume II	1647-1650
Stathoudérat aboli	1650
Stat. Rétabli	1672
Guillaume III	1672-1702

SUISSE.

République	

RUSSIE.

Boris Godounof	1598-1605
Le faux Dmitri	1605-1606
Vassili Chouiski	1606-1610
Interrègne	1610-
Romanof.	
Mikaïl Romanof	1613-1645
Alexis	1645-1676
Fédor II	1676-1682
Ivan et Pierre	1682-1689
Pierre le Grand	1689-1725

SUÈDE.

Sigismond	1592-1604
Charles IX	1604-1611
Gustave Adolphe	1611-1632
Christine	1632-1654
Charles X des 2 Ponts	1654-1660
Charles XI	1660 1697
Charles XII	1697 1719

Siècle.

Littéraire.

la France. Système d'équilibre européen.

Cromwell. Mazaniello. Sobieski. Monk. Ragotzki. St. Vincent de Paul.

Mort de Charles I. 1649. Siége de Vienne par les Turcs 1683. Guerres de Louis XIV.

TURQUIE.		ESPAGNE.		ITALIE.			
Mahomet III	1595+1604	Philippe III	1598+1621	Toscane.	Savoie.	Venise.	Eglise.
Achmet I	1604+1617	Philippe IV	1621+1665	Médicis	Charles Emmanuel	Est chaque jour	Clément VIII.
Mustapha déposé	1617+1617	Charles II	1665+1700	Ferdinand	Victor Amédée	attaquée par les Turcs	Urbain VIII.
Osman I	1617+1622	PORTUGAL.		Cosme II.	Fr. Hyacinthe	Elle perd Candie.	Innocent X.
Mustapha rétabli	1622+1623	Philippe III	1598+1621	Ferdinand II.	Ch. Emmanuel II.	Milanais.	Innocent XI
Amurat IV	1623+1640	Philippe IV	1621+1640	Cosme III	Rois 1675.	Possédé par	Alexandre VIII
Ibrahim	1640+1648	Révolution	1640	Parme.	Victor Amédée II.	l'Espagne	Innocent XII
Mahomet IV	1648+1687	M^{son} de Bragance.		M^{son} des Far-	Naples et Sicile	Ferrare	
Soliman III	1687+1690	Jean IV	1640+1656	nèze.	Philippe III.	Est réuni à	
Achmet II	1690+1695	Alphonse IV	1656+1683	Gênes.	Philippe IV	l'Église par	
Mustapha II	1695+1703	Pierre II	1683+1706.	Est toujours	(Révolte de	Clément VIII	
				gouvernée par	Mazaniello)	Modène & Reggio.	
				des doges; et	Charles II.	M^{son} d'Este.	
				s'allie étroite-			
				ment à			
				l'Espagne.			

17e

CÉLÈBRITES.

Bossuet	Évêque de Meaux le plus	Pascal	Célèbre écrivain et géomètre français.
	Gd des orateurs.	Mallebranche	Philosophe français.
Fénélon	Archevêque de Cambrai, écriv. orat.	Puffendorf	Historien allemand
Massillon	Évêque de Clermont, orateur	Spinosa	Célèbre philosophe hollandais.
Bourdaloue	Jésuite, orateur.	Locke	Philosophe anglais.
Corneille	Poëte tragique	Newton	Astronome anglais.
Gassendi	Philosophe français.	Dryden	Poëte anglais.
Descartes	d°	Racine	Célèbre poëte tragique français.
Vandyck	Peintre hollandais.	Boileau	Poëte français.
Mézerai	Historien français.	J.B. Rousseau	d°
La Rochefoucault	Philosophe français.	Halley	Astronome anglais.
Milton	Poëte anglais a écrit le Paradis perdu	Fontenelle	Littérateur et philosophe.
Scarron	Poëte français.	Addisson	Célèbre écrivain anglais.
Cassini	Astronome italien	Boerhave	Médecin hollandais
Bayle	Philosophe français, jette les	Rollin	Célèbre professeur français.
	fondements du scepticisme.	Olivarez (Cte)	Fameux ministre espagnol, sous Philippe IV
Huygens	Savant hollandais	Le Chancelier Séguier	Garde des sceaux sous Richelieu.
Molière	Le plus célèbre des poëtes com. français	Montécucculy	Célèbre général au service de
La Fontaine	Le plus célèbre des fabulistes français		l'Autriche.
Lebrun	Peintre français.	Shakespeare	Poëte dramatique anglais
Girardon	Sculpteur français.		

Siècle.

ÉVÉNEMENTS.

1603	Mort d'Élisabeth avénement de Jacques Stuart au trône d'Angleterre.
1618	Défénestration de Prague; commencement de la guerre de trente ans.
1632	Mort de Tilly, de Gustave Adolphe — Avénement de Christine de Suède.
1638	Fondation du Covenant écossais.
1640	Commencement du Jansénisme — Indépendance du Portugal.
1641	Mort de Strafford.
1647	Mazaniello à Naples.
1648	Traité de Wesphalie — République d'Angleterre.
1649	Exécution de Charles I. Cromwell protecteur.
1659	Traité des Pyrénées — Monk fait rappeler les Stuarts.
1668	Traité d'Aix-la-Chapelle qui termine la guerre de dévolution.
1672	Guillaume III d'Orange est nommé Stathouder à vie.
1678	Traité de Nimègue.
1682	Pierre I et Ivan V règnent en Russie.
1683	Sobieski roi de Pologne délivre Vienne assiégée par les Turcs.
1686	Ligue d'Augsbourg.
1688	Guillaume III d'Orange détrône Jacques II.
1689	Kopruli arrête la décadence de la Turquie.
1690	Défaite du parti de Jacques Ier à la Boyne.
1693	La diète suédoise remet le pouvoir absolu au roi Charles XI.
1696	Élection de Frédéric Auguste de Saxe en Pologne.
1697	Paix de Riswyck — Le prince Eugène bat les Turcs à Zenta — Pierre I voyage en Europe.
1699	Paix de Carlowitz entre la Turquie et l'Autriche — Destruction des Strélitz en Russie — Mort de Racine.

Des convulsions politiques

Caractère du Siècle : Décadence du pouvoir royal....

Héros : Pierre le Gd. Charles XII. Frédéric II le Gd. L'Impératrice Marie-Thérèse. W. Pitt.

Evénements : Guerre de succession d'Espagne 1700. Guerre de succession d'Autriche 1740.

ANGLETERRE.

Fille d'Orange	
Guill. et Marie	1689+1702
Stuarts	
Anne	1702+1714
Ligne de Brunswick.	
Georges I	1714+1727
Georges II	1727+1760
Georges III	1760+1820

HOLLANDE.

Guillaume III	1672+1702
Le stathoudérat aboli de nouveau	1702
rétabli	1720
Guillaume IV	1720+1747
Guillaume V	1747+1751
Révolution	1794
Le stathoudérat aboli de nouveau	
République batave	1795 1806

FRANCE.

Bourbons	
Louis XIV	1643+1715
Louis XV	1715+1774
Louis XVI	1774+1793
Assemblée constit.	1789+1791
Assemb. législative	1791+1792
Convention	1792+1795
Directoire	1795+1799
Consulat	1799+1804

TURQUIE.

Moustapha II	1695+1703
Achmet III	1703+1730
Mahomet V	1730+1754
Osman II	1754+1757
Mustapha III	1757+1774
Abdul-Achmed	1774+1789
Sélim III	1789+1807

ALLEMAGNE.

Hapsbourg-Autriche.	
Léopold I	1658+1705
Joseph I	1705+1711
Charles VI	1711+1740
Mson Autriche-Lorraine.	
Marie-Thérèse et	
François-Etienne	1740+1765
(Charles VII un instant	1742
Joseph II	1765+1790
Léopold II	1790+1792
François II	1792+1835

PRUSSE.

La Prusse est érigée en royaume	1701
Frédéric I	1701 1713
Frédéric-Guillaume I	1713+1740
Le Gd Frédéric II	1740+1786
Frédéric Guill. II	1786+1797
Frédéric Guill. III	1797+1840

RUSSIE.

Pierre le Gd.	1689+1725
Catherine I	1725+1727
Pierre II	1727+1730
Anne	1730+1740
Ivan VI	1740+1741
Elisabeth	1741+1762
Pierre III	1762+1762
Catherine II	1762+1796
Paul I	1796+1801

POLOGNE.

Auguste I de Saxe	1697+1704
Auguste déposé	1704
Stanislas Leczinski	1704+1733
Auguste II de Saxe	1733+1764
Stanislas Poniatowski	1764+1772
Démembrement de la Pologne	1772

Siècle.

agitent l'Europe.

Le philosophisme domine

Louis XVI. Mirabeau. Robespierre. Bonaparte. Franklin. Washington. Lafayette. Pie VI. Tippoo Saïb.
guerre de Sept ans 1756. Indépendance des États-Unis 1776. Révolution française 1789.

DANEMARCK.		ESPAGNE.		ITALIE.		
Frédéric IV	1699+1730	Charles II	1665+1700	Toscane.	Naples et Sicile.	Eglise.
Christian VI	1730+1746	Ligne Bourbon.		Médicis	Charles II roi d'Esp.	Innocent XII
Frédéric V	1746+1766	Philippe V	1700+1724	Cosme III	Bourbons	Clément XI.
Christian VII	1766+1784	Louis	1724+1724	Gaston	Philippe V	Innocent XIII
SUÈDE		Philippe V de		Mon de Lorraine.	Mon aut. d'Allemagne	Benoît XIII
Charles XII	1697+1718	nouveau	1724+1746	François I emp.	Charles VI empereur	Clément XII
Ulrique Eléonore		Ferdinand VI	1746+1759	Léopold d°	Bourbons d'Espagne.	Benoît XIV
et Frédéric de Hesse	1718+1751	Charles III	1759+1788	Ferdinand III	Don Carlos	Clément XIII
Mon de Holstein.		Charles IV	1788+1808	Parme.	Ferdinand V	Clément XIV
Adolphe Frédéric	1751+1771	**PORTUGAL.**		En 1731 s'éteint la	Savoie.	Pie VI
Gustave III	1771+1792	Bragance.		branche des Farnèze	Victor Amédée II.	Gênes.
Gustave IV	1792+1809	Pierre II	1683+1706	les Bourbons les	Ch. Emmanuel III.	En 1796 est occupée
SUISSE.		Jean V	1706+1750	remplacent.	Victor Amédée III	par les français
En 1798 elle forme		Joseph	1750+1777	Modène.	Ch. Emmanuel IV.	et forme la
la république helvé-		Marie et Pierre III.	1777+1786	Mon d'Este.	Venise.	république ligu-
tique.		Marie seule	1786+1816	Milanais.	Louis Mannini	rienne.
				Passe de l'Espagne	dernier doge sous	
				à l'Autriche.	lequel la république	
					cesse d'exister 1797.	

CÉLÉBRITÉS.

De Calonne		Robespierre	Orateur, membre du comité
De Brienne			du salut public.
Necker		Monge	Mathématicien.
Montmorin		d'Aguesseau	Magistrat, orateur.
Garat	Ministres.	Cook	Célèbre marin anglais.
Roland		Choiseul	Ministre d'état.
Monge		Lord Chatam (Pitt)	Un des plus célèbres hommes
Fouché			d'état de l'Angleterre.
Talleyrand		Suwarow.	Fameux général russe.
Larrey	Médecin.	Hénault	Historien.
Redouté	Peintre de fleurs.	Montesquieu	Écrivain.
Berthollet	Chimiste	Rameau	Fameux compositeur.
Mirabeau		Pope	Poëte anglais.
Barnave		Piron	Poëte français
Cazalès		Crébillon	Poëte tragique français.
Maury		Young	Écrivain anglais.
Sieyès	Orateurs français.	Voltaire	Poëte tragique et philosophe
Vergniaud		Buffon	Naturaliste français
Brissot		La Caille	Mathématicien et astronome
Condorcet	[illegible]	Velly	Historien français
Danton	Orateur français	Condillac	Célèbre philosophe français.

CÉLÉBRITÉS.

J. J. Rousseau	Célèbre écrivain né à Genève.
Hume	Philosophe et historien écossais.
Mably	Écrivain français.
Helvétius	Philosophe français.
Diderot	d°
d'Alembert	Écrivain et mathématicien français.
Clairaut	Géomètre français.
Gluck	Célèbre compositeur Allemand
Piccini	Compositeur né à Naples.
Mozart.	Fameux compositeur allemand
André Chénier	Poète français
Gilbert	Poète français

ÉVÉNEMENTS.

1700	Guerre de la succession d'Espagne. Charles XII vainqueur à Narva. — La Prusse est érigée en royaume.
1703	Fondation de St Pétersbourg.
1704	Bataille d'Hochstedt.
1706	Bataille de Ramillies. — Stanislas Leczinski, roi de Pologne.
1709	Les français vaincus à Malplaquet. — Charles XII à Pultava.
1712	Victoire de Villars à Denain.
1713	Traité d'Utrecht.
1715	Albéroni 1er ministre de Philippe V en Espagne. — Mort de Fénelon.
1718	Mort de Charles XII. — Pierre le Gd fait mourir son fils Alexis.
1733	Guerre de la succession de Pologne.
1735	Don Carlos (Charles VII) constitue le royaume des Deux-Siciles.
1740	Guerre de la succession d'Autriche.
1745	Victoire de Fontenoy; le maréchal de Saxe dirigeait l'armée française.
1746	Le prétendant Charles-Edouard battu à Culloden. — William Pitt au ministère anglais.
1748	Traité d'Aix-la-Chapelle.
1751	Adolphe-Frédéric roi de Suède: les Bonnets et les Chapeaux.
1755	Tremblement de terre à Lisbonne.
1756	Commencement de la guerre de Sept ans.
1759	Expulsion des Jésuites de Portugal sous le ministère de Pombal.
1763	Traité de Paris qui termine la guerre de Sept ans.

ÉVÉNEMENTS.

1769	Naissance de Napoléon Bonaparte, de Châteaubriand, de Wellington.
1773	Le pape Clément XIV abolit l'ordre des Jésuites.
1776	Déclaration d'indépendance des États-Unis.
1783	Traité de Versailles; l'indépendance des États-Unis est reconnue.
1786	Catherine II la grande s'empare de la Crimée.
1789	Convocation des États-Généraux. Commencement de la révolution française.
1792	Convention. — Assassinat de Gustave III de Suède.
1793	Mort de Louis XVI, des Girondins, de Marie-Antoinette — La Terreur, Robespierre — 1re Coalition contre la France — Révolution de St Domingue.
1795	Partage définitif de la Pologne — Le Directoire en France.
1796	Campagne d'Italie.
1797	Paix de Campo-Formio; fin de la république de Venise.
1798	Ferdinand IV perd Naples. République Parthénopéenne. Campagne d'Égypte.
1799	Consulat en France.

19e

Gloire

Caractère du Siècle: Puissance de la France. Extension de l'esprit.

Héros: Napoléon, Wellington. Metternick. Manuel Godoï.

Evénements: Guerres et victoires de Napoléon. Empire français 1804. Confédération du Rhin 1806. Révolution de Belgique 1830. Insurrection de Pologne 1830.

ANGLETERRE.

Georges III	1760+1820
Georges IV	1820+1830
Guillaume IV	1830+1837
Victoria 1ère	1837+

SUÈDE.

Gustave IV	1792+1809
Charles XIII	1809+1818
Bernadotte ou Ch. XIV	1818+1844
Oscar I	1844+1859
Jean XV	1859+

DANEMARCK.

Frédéric IV régent pour Christian VII	1784+1808
Frédéric VI roi	1808+1839
Christian VIII	1839+1848
Frédéric VII	1848+1863
Christian IX	1863

FRANCE.

Consulat	1799+1804
Empire.	
Napoléon I	1804+1814
1ère Restauration.	
Louis XVIII	1814+1815
Les cent jours du 1er Mars au 20 Juin	
Napoléon I	1815+1815
2e Restauration (Bourbons)	
Louis XVIII	1815+1824
Charles X	1824+1830
Orléans (Branche cadette)	
Louis-Philippe	1830+1848
République	1848–1852
Empire.	
Napoléon III	1852+[illegible]

ALLEMAGNE.

François II	1792+1835
Il devient empereur d'Autriche en 1806.	
Ferdinand I (IV)	1835+1848
François-Joseph	1848+

POLOGNE.

La Pologne démembrée en 1772 ne peut, malgré ses efforts recouvrer son indépendance.

BELGIQUE.

Léopold de Saxe Cobourg-Gotha	1832+

PRUSSE.

Frédéric Guill. III	1797+1840
Frédéric Guill. IV	1840+1861
Guillaume I	1861+

RUSSIE.

Paul I	1796+1801
Alexandre I	1801+1825
Nicolas I	1825+1855
Alexandre II	1855+

HOLLANDE.

République batave	1795+1806
Royaume.	
Louis Napoléon	1806+1810
Réunie à la France	1810–1814
Royme des Pays-Bas	1814+1830
Guillaume I	1814+1831
Royme de Hollande	1830
Guillaume I	1830+1840
Guillaume II	1840+1849
Guillaume III	1849+

Siècle.

française

de liberté. Grand développement de l'industrie.

Méhémet-Ali, Botzaris, O'Connell, Alexandre de Russie, Abd-el-Kader. Pie IX.

Restauration 1814, Révolution de Grèce 1821, Prise d'Alger, révolution de 1830 en France.

Révolutions d'Espagne, de Lisbonne, de Turin, de Rio-janeiro. La Colombie indép.te par les vict.res de Bolivar.

TURQUIE.

Sélim III	1789 + 1807
Mustapha IV	1807 + 1808
Mahmoud II	1808 + 1839
Abdul-Medjid	1839 + 1861
Abdul Azzis	1861 +

GRÈCE.

Indépendante	en 1830.
Othon de Bavière roi	en 1832
Révolution	
Georges I roi en	1863

SAXE.

Érigée en royaume.... 1806

Frédéric Auguste III, Antoine

Fred. Aug. IV

BAVIÈRE.

Érigée en royaume.... 1806

Maximilien I, Louis I abdique 1848.

Maximilien II,

ESPAGNE.

Charles IV règne	1788 + 1808
Charles IV abdique	1808
Joseph Bonaparte	1808 – 1813
Ferdinand VII	1813 + 1833
Isabelle II	1833 + 1868

Révolution 1868

PORTUGAL.

Marie 1re	1777 + 1816
Jean VI	1816 + 1826
Pierre IV abdique	1826
Marie II (1re f.)	1826 + 1827
Don Miguel usurpe	1827 + 1833
Marie II (2e f.)	1833 + 1853
Pedro V	1853 + 1861
Don Louis I	1861 +

HANOVRE.

D'abord sous la domination de l'Angleterre devient indépendant 1837, Ernest-Auguste roi

ITALIE.

Naples-Sicile

Ferdinand IV de Bourbon	1759 + 1806
Il conserve la Sicile	1806 + 1815
Joseph Napoléon	1806 + 1808
Joachim Murat	1808 + 1815
Ferdinand I rétabli (ou IV)	1815 + 1825
François I	1825 + 1830
Ferdinand II	1830 + 1859
François II	1859 +

Toscane.

Ferdinand III d'Autr.	1790 + 1801
Étrurie Louis I de Parme	1801 + 1803
Louis II	1803 + 1809

Grand duché rétabli

Eliza Bonaparte	1809 + 1814
Ferdinand III	1814 + 1824
Léopold	1824 +

Eglise.

Pie VI	1775 + 1800
Pie VII	1800 + 1823
Léon XII	1823 + 1829
Pie VIII	1829 + 1831
Grégoire XVI	1831 + 1846
Pie IX	1846 +

Savoie.

Ch. Emmanuel II	1796 + 1802
Victor Emman. I	1802 + 1821
Ch. Félix	1821 + 1831
Charles Albert	1831 + 1849
Victor Emman. II	1849 +

CÉLÉBRITÉS.

Souverains, Louis-Philippe, roi de France; Charles-Albert, roi de Sardaigne; Bernadotte, roi de Suède sous le nom de Charles Jean; Guillaume, roi des Pays-Bas, Christian VIII, roi de Danemarck; Joseph Bonaparte et son frère Louis un moment rois, le 1er en Espagne, le second en Hollande; Marie-Louise, impératrice; Dona Maria, reine de Portugal; Méhémet-Ali, pacha d'Égypte; Nicolas, empereur de Russie.

Dans le monde politique. de Villèle, ministre; Polignac, ministre; Dupont de l'Eure, homme politique occupa différentes charges; Laffitte, ministre et banquier; Matthieu Molé, ministre académicien; Salvandy, ministre et écrivain; Rossi, économiste et diplomate, fut choisi par le Pape en 1848 comme chef de son ministère; Cavaignac, président de la république française; le Comte de Toreno, écrivain, joua un grand rôle en Espagne sa patrie et fut ministre sous la régence de Christine; le prince de la Paix Godoï, ministre espagnol; le duc de Palmella, homme d'état portugais; le prince de Metternich, homme d'état autrichien; lord Grey, ministre anglais; lord Melbourne, ministre anglais; Robert Peel, ministre anglais; O'Connell, le libérateur de l'Irlande;

Dans le Clergé. le pape Grégoire XVI, les cardinaux Pacca, Angelo, Maï, Cheverus, l'abbé Frayssinous, ministre et orateur, Monseigneur Affre, l'archevêque martyr; Mgr Sibour; le père Lacordaire, orateur de l'ordre des Dominicains, le père de Ravignan, orateur de l'ordre des Jésuites.

Dans l'armée, Les maréchaux: Clausel, Grouchy, Bourmont, Moncey, Oudinot, Molitor, Excelmans, Bugeaud, Gérard, Sébastiani, Marmont, Soult, St Arnaud; les généraux: Bertrand, Cambronne, Drouot, Gourgaud, Fabvier; le feld-maréchal Wellington; lord Raglan; le prince Paskewitch, le feld-maréchal Radetzky.

CÉLÉBRITÉS.

Dans la marine. Les amiraux Duperré; Linois, Verhuell, Willaumez, Truguet, Roussin, Baudin, de Mackau, Brunt.

Dans les sciences. Delambre, astronome; Cuvier, naturaliste; Geoffroy St Hilaire, zoologiste; Mirbel, botaniste; Thénard, chimiste; Orfila, chimiste; Corvisart, médecin; Larrey, médecin; Dupuytren, médecin et chirurgien; Blainville, zoologiste; de Candolle, botaniste; Brongniart, minéralogiste; Gay Lussac, chimiste et physicien; Arago, physicien et astronome; Cauchy, mathématicien; Bonpland, naturaliste; Berzélius, chimiste; Œrsted physicien; Dalton physicien et chimiste; Buckland, géologue; Gauss, astronome et mathématicien; Alexandre de Humboldt, savant et voyageur; Esquirol, médecin philanthrope; Pariset, médecin, littérateur; Magendie, physiologiste; Roux, chirurgien; Lisfranc, opérateur; Chomel, médecin; Hahnemann, fondateur de la médecine homœopatique.

Dans l'industrie. Benjamin Delessert; réussit le premier en France à fabriquer le sucre de betterave; Brunel, ingénieur, forma et exécuta le hardi projet d'un tunel sous la Tamise, fut l'inventeur de plusieurs mécaniques, son fils l'aida dans ses travaux; Stephenson, inventeur des locomotives; Philippe de Girard, inventeur de la machine à filer le lin; Mathieu de Dombasle, agronome.

Dans les lettres. Châteaubriand littérateur et écrivain; Lamennais, philosophe et théologien, quelques uns de ses écrits sont condamnés par l'Église; Baour Lormian, poëte; Ballanche, écrivain; Charles Nodier, littérateur; Bayard, auteur dramatique; Anquetil, historien; Gibbon, historien anglais; De Beausset, historien; Andrieux, littérateur; Charles de Lacretelle, historien; Benjamin Constant, orateur et littérateur; le Général Foy, orateur; Karamsin historien Russe; Champollion (jeune)

CÉLÉBRITÉS.

historien et antiquaire; Champollion-Figeac, historien; de Ségur, historien; Alexandre Duval, auteur dramatique; Legouvé, poëte; Fontanes, poëte et littérateur; M. J. Chénier, poëte et littérateur; Étienne, littérateur; Geoffroy, critique littéraire; Mme de Genlis, littérateur; Mme de Staël, littérateur; Joseph de Maistre, philosophe; lord Byron, poëte; Thomas Moore, poëte anglais; Gœthe, poëte allemand; Schiller, poëte allemand; Lamartine, poëte; Casimir Delavigne, poëte; Victor Hugo, poëte; Michaud, historien; Soumet, poëte; Béranger, chansonnier; A. de Musset, poëte; Balzac, romancier; Xavier de Maistre écrivain; E. Sue, romancier; Mme Desbordes-Valmore, poëte; Sismondi, historien; Augustin Thierry, historien; Fauriel, savant critique; Letronne, savant; Burnouf, professeur et philologue; Burnouf (Eugène), orientaliste; Walckenaer, polygraphe et littérateur; Boissonade, savant helléniste; Wordsworth poëte anglais; Samuel Rogers, poëte anglais; Fenimore Cooper, romancier américain; Marryat, romancier anglais; Lingard, historien anglais; Prescott, historien américain; Lady Morgan, littérateur anglais; de Hammer, orientaliste autrichien; Channing, prêtre américain, se fit remarquer par son éloquence, sa charité et son esprit de tolérance; Tegner, poëte suédois; Œhlenschlager, poëte danois; Zschokke, écrivain allemand; Tieck, littérateur allemand; Heeren, historien allemand; Müller, savant allemand; H. Heine, écrivain allemand; Silvio Pellico, écrivain italien; Gioberti, théologien, ses ouvrages sont condamnés par l'Église; Quintana, avocat espagnol, cultiva les lettres; Kriloff, fabuliste russe; Gogol, écrivain russe; Mickiewicz, poëte polonais; Walter Scott romancier anglais.

Dans les arts. Méhul, compositeur; Girodet, peintre; Gérard, peintre; Rossini, compositeur; Gros, peintre; Boïeldieu, compositeur; Spontini, compositeur italien; Baillot, violoniste et

CÉLÉBRITÉS.

compositeur ; Rubini, chanteur italien ; Chérubini compositeur ; Berton, compositeur ; Ad. Adam, compositeur, fonda le théâtre lyrique ; Donizetti, compositeur ; Kalkbrenner, pianiste et compositeur allemand ; M.me Catalini, cantatrice ; M.elle Mars, comédienne ; Rachel, tragédienne ; Visconti, architecte ; Granet, peintre ; Isabey, peintre ; Paul Delaroche, peintre ; Ary Scheffer, peintre ; Grandville, dessinateur ; Daguerre et Niepce, inventeurs de la photographie ; Bosio, sculpteur italien ; Cortot, statuaire ; Pradier, sculpteur ; Rude, statuaire ; David d'Angers, sculpteur ; Thorwaldsen, sculpteur danois ; Schwanthaler, sculpteur bavarois ; E. Delacroix, peintre ; Hippolyte Flandrin, peintre ; Horace Vernet, peintre.

EVÉNEMENTS.

1801 Concordat qui restaure la religion catholique en France.

1804 Le premier empire, Napoléon I empereur.

1805 Victoire et mort de l'amiral anglais Nelson à Trafalgar. — Bataille d'Austerlitz. — Mort de Schiller.

1806 François II empereur d'Allemagne, devient François I empereur d'Autriche. — La Hollande érigée en royaume avec Louis Bonaparte, frère de Napoléon I et père de Napoléon III. — La Saxe, le Wurtemberg et la Bavière érigés en royaumes. — Méhémet-Ali massacre les Mamelouks et se rend indépendant en Égypte. — Mort de William Pitt et de Charles Fox.

1807 Batailles d'Eylau et de Friedland, traité de Tilsitt. — Don Juan de Portugal se réfugie au Brésil, où il prend le titre d'empereur.

1808 Joseph Napoléon roi d'Espagne. — Joachim Murat, roi de Naples.

1809 Annexion des États de l'Église et de Rome à l'empire français, captivité de Pie VII.

1812 Guerre de Napoléon contre la Russie, bataille de la Moskowa, incendie de Moscou.

1813 Désastreuse retraite de Russie.

1814 Première restauration, Louis XVIII, roi de France. La Ste Alliance.

1815 Les Cent-jours, bataille de Waterloo. La seconde restauration. Le Hanovre érigé en royaume.

1820 Insurrection en Espagne contre l'absolutisme de Ferdinand VII.

1821 Le carbonarisme.

1822 Le Brésil se déclare indépendant avec Don Pedro, fils de Jean VI pour empereur.

ÉVÉNEMENTS.

1823	Guerre d'Espagne.
1824	Charles X succède à Louis XVIII — Léopold grand duc de Toscane — Mort de Byron.
1826	Mahmoud II détruit les Janissaires.
1828	Formation du Roy^e de Grèce aux dépens de la Turquie.
1830	Prise d'Alger par les Français, révolution de juillet.
1831	Léopold, roi de Belgique; Guillaume n'est plus que roi de Hollande. — Insurrection de la Pologne violemment réprimée par Nicolas.
1832	Le choléra en France — Mort de Casimir Périer; de Walter Scott; de Cuvier.
1833	Isabelle II reine d'Espagne, régence de la reine Christine; protestation de Don Carlos.
1838	La Hollande reconnaît l'indépendance de la Belgique.
1840	Espartero proclamé régent en Espagne à la place de la reine Christine.
1842	Mort de Goëthe — Mort du duc d'Orléans, fils de Louis Philippe I.
1846	Pie IX pape — Troubles à Genève — Mariages des princes d'Orléans.
1847	Mort d'O'Connell.
1848	Révolution de février, seconde république, Louis Napoléon président; — République romaine avec Mazzini — Mort de Châteaubriand.
1849	Restauration de Pie IX après la prise de Rome par les Français — Charles-Albert battu à Novare, abdique en faveur de son fils Victor-Emmanuel II.
1850	Rétablissement de la hiérarchie catholique en Angleterre.
1852	Le second empire; Napoléon III empereur.
1854	Guerre de l'Angleterre et de la France contre la Russie en faveur de la Turquie.

ÉVÉNEMENTS.

bataille de l'Alma — Définition du dogme de l'Immaculée Conception.

1855 Prise de Sébastopol.

1856 Traité de Paris qui termine la guerre avec la Russie.

1857 Insurrection de l'Inde contre l'Angleterre.

1858 Attentat d'Orsini en France.

1859 Guerre d'Italie; batailles de Magenta et de Solférino.

1860 La France acquiert la Savoie et Nice — Victor Emmanuel est proclamé roi d'Italie. Guerre de l'Espagne contre le Maroc.

1861 Prise de Gaëte par les Piémontais — Don Louis succède à son frère Pierre V en Portugal. Mort de Cavour, principal ministre de Victor Emmanuel. — Guillaume I roi de Prusse — Mort de Lacordaire, de Scribe.

1862 Guerre civile aux Etats-Unis — Canonisation des Martyrs du Japon.

1863 Mort d'Horace Vernet, d'Eugène Delacroix.

HISTOIRE GÉNÉRALE DU MOYEN-AGE.

L'histoire est le récit des faits donnés pour vrais par opposition à la fable qui est le récit des faits donnés pour faux. C'est l'ensemble des événements arrivés dans le monde. L'histoire commence à la Création et va jusqu'à nos jours. Elle se divise en deux grandes branches : 1° l'histoire ancienne, 2° l'histoire moderne.

Histoire Ancienne.

L'histoire ancienne commence à la création 50 siècles avant J.C. et selon une autre chronologie 41 siècles seulement av. J.C.

On divise l'histoire ancienne en 2 branches : l'histoire sacrée et l'histoire Profane.

L'histoire profane comprend :

1° Les temps Incertains qui racontent l'origine des Empires. (23e S. au 18e) période de 5 siècles.

2° Les temps Héroïques ou fabuleux époque des héros de la fable. (18e S. au 8e S) période de 10 siècles.

3° Temps Historiques, qui commencent un peu avant la 1ère Olympiade qui a lieu en 776.

Histoire Moderne.

L'histoire moderne commence à J.C. et comprend 19 siècles.

Elle se divise en 3 grandes époques :

1° Premiers temps modernes, depuis J.C. jusqu'à la chute de l'Empire romain d'Occident 476 au 5e siècle.

2° Le Moyen-âge depuis 476 jusqu'à la prise de Constantinople par les Turcs sous Mahomet II en 1453. 15e siècle.

3° Les Temps Modernes proprement dits de 1453 jusqu'à nos jours.

MOYEN - AGE 476.

Le Moyen-âge se divise en Cinq époques, sa durée est d'environ 6 siècles.

1° La Première époque va de 476 à l'hégire de Mahomet 622.

2° La Seconde époque va de 622 au couronnement de Charlemagne en 800.

3° La Troisième époque va du couronnement de Charlemagne à la 1ère croisade. C'est le temps de la féodalité, de l'ignorance la plus grossière, et du triomphe de la superstition.

4° La Quatrième époque va de la 1ère Croisade à l'élection de Rodolphe de Hapsbourg en 1273.

Elle comprend l'histoire des Croisades, voit l'affaiblissement de la féodalité dans une partie de l'Europe et donne l'espoir de siècles plus heureux.

5° La Cinquième époque va de l'élection de Rodolphe de Hapsbourg en 1273 à la prise de Constantinople par les turcs, en 1453.

Elle renferme le grand schisme d'Occident, les conquêtes du fameux Tamerlan, l'anéantissement complet des derniers débris de l'empire romain.

HISTOIRE GÉNÉRALE MODERNE.

Quatre époques divisent l'histoire moderne.

1° La première époque va de Mahomet II 1453 à la prétendue réforme 1517.

2° La Seconde époque s'étend de la prétendue réforme 1517 à Louis XIV, au traité de Westphalie 1648.

C'est le temps de l'équilibre des Puissances Européennes.

3° La Troisième époque, de la paix de Westphalie 1648 à la révolution française 1789.

La révolution de 1789, ébranla les trônes européens.

Pendant cette période l'Europe est presque toujours en guerre.

4° La Quatrième époque commence en 1789 et se continue jusqu'à nos jours.

Imp. Caillet, Rue Jacob, 45.

www.ingramcontent.com/pod-product-compliance
Lightning Source LLC
LaVergne TN
LVHW020449230826
846091LV00004B/1612
9782013683586